普通高校"十三五"规划教材·工商管理系列

MBA研究方法与论文写作

赖一飞　吴　思 ◎ 编著

清华大学出版社
北　京

本书封面贴有清华大学出版社防伪标签,无标签者不得销售。

版权所有,侵权必究。举报:010-62782989,beiqinquan@tup.tsinghua.edu.cn。

图书在版编目(CIP)数据

MBA研究方法与论文写作/赖一飞,吴思编著.—北京:清华大学出版社,2019(2024.10重印)
(普通高校"十三五"规划教材·工商管理系列)
ISBN 978-7-302-53548-5

Ⅰ.①M… Ⅱ.①赖…②吴… Ⅲ.①工商行政管理学－研究方法②工商行政管理学－硕士学位论文－写作 Ⅳ.①F203.9②H152.3

中国版本图书馆 CIP 数据核字(2019)第 180069 号

责任编辑:吴 雷
封面设计:李伯骥
版式设计:方加青
责任校对:王凤芝
责任印制:刘海龙

出版发行:清华大学出版社
 网 址:https://www.tup.com.cn,https://www.wqxuetang.com
 地 址:北京清华大学学研大厦 A 座 邮 编:100084
 社 总 机:010-83470000 邮 购:010-62786544
 投稿与读者服务:010-62776969,c-service@tup.tsinghua.edu.cn
 质 量 反 馈:010-62772015,zhiliang@tup.tsinghua.edu.cn
印 装 者:三河市铭诚印务有限公司
经 销:全国新华书店
开 本:185mm×260mm 印 张:13 字 数:265 千字
版 次:2019 年 9 月第 1 版 印 次:2024 年 10 月第 5 次印刷
定 价:45.00 元

产品编号:083858-01

序

随着经济全球化的脚步加快，市场经济的蓬勃发展，管理逐渐走向科学化。目前全世界每年有数以十万计的 MBA 学员毕业于世界各大学的商学院，成为出类拔萃的工商管理人才，领导着各国企业在世界商场中逐鹿。因此，我国的 MBA 教育也愈发重要起来。MBA 是工商管理类硕士研究生学位，是为培养能够胜任工商企业和经济管理部门高层管理工作需要的务实型、复合型和应用型高层次管理人才而设置的。MBA 教育主要采取案例研讨、启发感悟式教学，理论联系实际地培养市场需要的企业高级管理者。

自 1991 年国务院学位委员会批准清华大学等 9 所院校试办 MBA 教育以来，武汉大学也在 1993 年开始了 MBA 教育，武汉大学 MBA 教育始终坚持"谋新求变，止于至善"，充分整合优势资源与能力禀赋，不断创新与完善培养体系，坚持"专业导向、能力导向、素质导向、职业导向、市场导向"，凸显"人文武大、管理珞珈"的核心优势，努力培养知识积累与能力提升并重、国际视野与本土创新精神兼备、商业能力与社会责任并举的管理精英与未来组织领袖。二十多年来，武汉大学经济与管理学院共培养了 6 000 多名 MBA 学员、2 000 多名 EMBA 学员，为中国经济的建设与发展培养了一大批具有国际化视野、系统管理理念、创新创业精神以及卓越执行能力的高级工商管理人才。

在 MBA 教育蓬勃发展的背景之下，不少专家、学者围绕如何提高 MBA 学位论文质量，如何引导 MBA 学员写好论文等问题，进行过很多研究。但是全面、系统地介绍 MBA 学位论文写作与研究方法的教材较为缺乏，以工具书的形式将 MBA 学位论文写作过程进行系统而详细介绍的教材尚缺，而呈现在读者面前的这本教材在一定程度上正好填补上了这一空白。

作者在深入研究和大量实践的基础上，综合参考了国内外知名大学 MBA 学位论文写作的要求，撰写了这部《MBA 研究方法与论文写作》，对 MBA 学位论文的写作过程进行了全程分解，全面、系统地介绍了 MBA 学位论文写作思路与方法，目的是指导 MBA 学员顺利完成学位论文的撰写，具有较强的指导和参考价值。具体来说，本教材具有以下三个明显的特点：

（1）定位明确。教材以指导 MBA 学员进行学位论文写作这样一本工具书的定位，来设计全书的结构,充分考虑了 MBA 学员的现实需要,有很强的针对性与实用性。

(2)内容全面,系统性强。教材全面透彻地分析了 MBA 学位论文的写作过程,对论文的各组成部分进行了系统阐述,高度概括了 MBA 学位论文的写作规范和要求,具有很强的可读性,对 MBA 学员的论文写作具有重要意义。

(3)理论与实践紧密结合。教材的编写以实用性为主,理论阐述和研究方法简洁精练,整体风格十分注重实践性。

《MBA 研究方法与论文写作》教材的编者有多年 MBA 学位论文写作的教学指导经验和知名企业的管理咨询实战经历,对市场具有敏锐的洞察力,策划编写本教材便是有力的例证。我相信,本书的出版定会给 MBA 学员带来很大的帮助。

汪 涛

青年长江学者、教授、博导

武汉大学经济与管理学院副院长

前言

对 MBA 学员来说，研究方法与论文写作，是 MBA 培养过程的一个重要组成部分，是对自身以科学研究方法综合运用理论知识解决企业实际问题能力的检验和考核。本书围绕 MBA 教育发展目标，构建 MBA 学位论文质量保障体系，以科研育人为抓手，培养 MBA 研究生的科学精神和科学道德，着力提高 MBA 学位论文质量，培养具有国际视野、创新能力的高层次人才。笔者在参阅了大量文献资料的基础上，深入浅出地介绍了 MBA 研究方法与论文写作。

全书共分八章。第一、二、三章由赖一飞、赵静、赵继涛编写，第四、五、六章由吴思、屠金萍、夏金秋编写，第七章由赖一飞、张婉、赵小倩编写，第八章由吴思、张婉、赵小倩编写。本书从 MBA 学位论文的选题、开题、格式要求、文献综述、研究方法到形成正文、结论、参考文献、论文答辩与评价等方面进行了全面、系统的分析和阐述。此外，书中附有二维码，扫码后即可查阅 MBA 学位论文范例以供参考，其目的是指导学员能顺利完成 MBA 学位论文的撰写。

本书不仅旨在让读者系统了解 MBA 教育的基本要求，学习 MBA 研究方法与论文写作，而且通过对科学与科学研究方法的介绍，使读者在学习时逐步培养自身的科学素养。同时，也让读者在了解 MBA 教育的宗旨和未来发展趋势后，学习更具导向性和实用性。《MBA 研究方法与论文写作》作为 MBA 学位论文写作的工具指导书，适用于 MBA(EMBA) 学员、论文指导老师、企业经营管理者、管理咨询顾问、工商管理专业本科生、研究生以及有志于从事企业管理的人员。

本书在编写过程中得到了武汉大学经济与管理学院以及研究生教学管理办公室的大力支持与帮助。同时，本书参阅了大量国内外相关专家与学者的著作与文献资料，在此谨向他们表示深深的感谢。由于编者水平有限，书中难免有不妥之处，恳请同行专家、学者及读者批评指正。

赖一飞　吴思
2019 年 8 月

目录

第一章 绪论

第一节 MBA 简介 ········· 2
第二节 MBA 教学配置 ········· 9
第三节 MBA 学位论文的写作 ········· 16

第二章 MBA 学位论文选题

第一节 MBA 学位论文选题的类型 ········· 22
第二节 MBA 学位论文选题的基本原则 ········· 23
第三节 MBA 学位论文选题的方法 ········· 25
第四节 MBA 学位论文选题的考虑因素及误区 ········· 26
第五节 MBA 学位论文选题参考 ········· 29

第三章 MBA 学位论文开题报告

第一节 撰写 MBA 学位论文开题报告的作用及前期准备 ········· 34
第二节 MBA 学位论文开题报告的主要内容 ········· 36
第三节 MBA 学位论文开题报告的写作要求和常见问题 ········· 46
第四节 MBA 学位论文开题的流程 ········· 48

第四章 文献检索与文献研究

第一节 文献及文献的类型 ········· 52
第二节 文献综述的定义及其原则与目的 ········· 59

第三节　文献综述写作与文献研究 …………………………………… 63
　　第四节　文献检索的方法与工具 ………………………………………… 66

第五章　MBA 学位论文的研究方法及研究设计

　　第一节　案例研究法 ……………………………………………………… 86
　　第二节　企业诊断法 ……………………………………………………… 94
　　第三节　调查研究法 ……………………………………………………… 98

第六章　MBA 科学研究与论文写作

　　第一节　科学与科学发展史 ……………………………………………… 108
　　第二节　科学精神与科学研究 …………………………………………… 113
　　第三节　MBA 学位论文的基本组成及写作要点 ……………………… 121
　　第四节　MBA 学位论文的写作步骤 …………………………………… 135

第七章　数据分析

　　第一节　基本概念 ………………………………………………………… 146
　　第二节　统计推断 ………………………………………………………… 150
　　第三节　数据分析方法 …………………………………………………… 159
　　第四节　数据处理软件介绍 ……………………………………………… 172

第八章　MBA 学位论文的评阅与答辩

　　第一节　学术诚信 ………………………………………………………… 178
　　第二节　MBA 学位论文评阅 …………………………………………… 182
　　第三节　MBA 学位论文答辩 …………………………………………… 187

论文范例

参考文献

第一章 绪论

　　作为 MBA 学员来说,一方面要认识 MBA 的起源与发展历程;另一方面需要掌握研究方法与论文写作,这是 MBA 学习过程的重要组成部分。初步了解 MBA 发展历程以及与其相关的写作知识与技能,对于 MBA 学员来说十分重要。本章通过简要概述 MBA 起源与发展、MBA 教学配置、MBA 学位论文写作等相关内容,为 MBA 学员掌握研究方法与论文写作技巧奠定了基础。

第一节 MBA 简介

一、MBA 的起源

美国是高等工商管理教育的发源地，1881 年美国宾夕法尼亚大学建立了沃顿商学院，它是世界上第一所大学性质的商学院，目的是为了培养能担任政府和企业重要职位的高级管理人才。1900 年达特茅斯学院成立了第一所研究生层次的商学院，1908 年哈佛大学成立商学院，并开创性地创办了世界上第一个两年制的 MBA 项目。美国高等工商管理教育是在管理科学理论的支撑下，由市场需求推动发展起来的，经济发展、制度创新对经营管理人才的需求决定了工商管理教育的发展方向。由于传统观念认为学术理论研究才是大学的目标，培养职业人才并不是大学的目标，因此在这种理论氛围中，早期的商学院管理教育刻意强调学术性，并且专业划分过于细窄，也过于专业化。随着世界经济的快速发展，独立的商学院的数量也在不断地快速增加，自由市场上对新型管理人才要求的不断提高，促使不同高等院校对管理教育模式进行了不懈地探索和创新。这种状态一直持续到"第二次世界大战"之后，美国企业在和平时期迅速发展，企业管理人员需求旺盛，许多退伍军人选择了进入大学的商学院攻读 MBA 学位，哈佛大学 1947 届的学员就是此类代表性的 MBA 学者。

20 世纪中期，美国工商管理教育拉开了变革的帷幕。在充分研究美国社会和企业现状的基础上，一份分别由两个基金会（福特基金会和卡内基基金会）资助的关于美国工商管理教育的研究报告指出，管理教育应以培育企业所需的专业的领导人和高端的职业经理人为目标，所培养的高级人才要具有对企业问题进行决策、分析和及时处理的能力，同时也要学会掌握对企业的研究方法。该份研究报告对后续的美国管理教育产生了重大而又深远的影响。1961 年，在美国大学管理学院联合会的学位认证标准中，MBA 学位的名称正式被确立。此后，由于 MBA 学员在工商界的出色表现，作为高层次的、务实的、管理通才的 MBA 教育逐渐地得到社会的广泛认可，不同学科背景但有实际工作经验的大学毕业生攻读 MBA 学位的哈佛模式成为美国管理教育的主流。从此，MBA 教育得以蓬勃发展，世界各国纷纷效仿美国 MBA 教育模式，并使其成为世界管理教育的主要模式。

MBA起初诞生于美国，经过长时间不断的探索和努力，它培养了数量众多的优秀高端工商管理人才，创造了美国经济发展的奇迹。MBA被誉为"天之骄子"和"管理人才"，成为企业界乃至社会敬重的高端稀少专业人才，甚至在公众心目中被尊称为"商界英雄"。据统计，美国最大的500家公司的总经理、董事长等高层主管，绝大多数是MBA学员。这一惊人的事实，是对MBA教育成功业绩的最好说明。MBA代表着能力，象征着学识，预示着希望与成功。

1984年《哈佛商业评论》总结了MBA教学的众多经验，指出"管理学院不能令人满意的管理教育，应对美国国际竞争力下降负有一定责任"，并在批判性的基础上，逐渐形成了以定量研究、案例教学和管理实践为导向的MBA教学体系。此后至今，哈佛商学院一直独领风骚。

随着管理科学理论在我国的传播和成熟，我国的MBA教育在改革开放和经济发展对掌握市场经济一般规律的企业经营管理人才急切需求的背景下产生，MBA教育项目于20世纪末引入中国。1990年国务院学位办正式批准设立MBA学位和试办MBA教育，首批批准了以中国人民大学、清华大学为代表的9所高校开展试点，并于1991年正式招生。2000年，试点院校总数扩大到62所，招生规模也由十年前的百余人，扩大到十年后的12 000多人，招生人数增长速度惊人。2001年中国MBA教育结束了试点，进入正式发展阶段。中国MBA教育分别诞生于综合性大学、理工科大学和财经类大学的沃土上，经过各个学校多年不断地总结和深入研究，在借鉴西方发达国家MBA教育经验的基础上，初步形成了中国MBA教育的基本模式。MBA教育成为培养适应中国特色发展经济的高端专业管理人才的重要渠道。目前，中国有将近300所院校有资格开办MBA项目，从一无所有到遍地开花，不仅是中国市场经济发展的明证，也体现了中国教育事业的发展。

二、MBA教育发展

（一）MBA学科的发展

在美国，MBA学习年限为两年。在两学年之间的暑假中，MBA学员可以自由地进行实习活动，以便于运用自身所学的知识和技能。在第一年的课程中，商业学科是必修课程也是学生学习的核心，包括财务、营销学、管理学总论、运营管理学和会计学。在第二年的课程中，学生可以选修一些其他感兴趣的科目。一般来说，选修课中最受欢迎的课程包括：战略管理学、金融学、会计学和营销学。MBA学员一般的入学年龄是20～30岁，他们大多有很丰富的工作经验。相比较而言，欧洲MBA的发展最初受到政府规定的阻碍。在许多欧洲国家，政府不允许社会集资的大学创办"职业化"商务课程。20世纪50年代，法国的一批企业家开始建立私立商学院，提供一种与众不同的欧洲 MBA 教育，这才打破了之前的阻碍。1958 年前后成立的法国枫丹白露 INSEAD 商学院以及瑞士的 IMEDE 商学院（即现在的 IMD）都是当时的典型学院。这种欧洲式的 MBA 与美国式的 MBA 不同，学制为一年，学员的年龄必须是 30 岁左右，这样旨在把他们更多的管理经验带进教室，这点也和美国的商学院存在很大的区别。从一开始，这些欧洲的商学院就特别关注国际化的全面管理教育。它们设计的课程既整合了实用的技能，也强调全球文化和商业知识的学习。欧洲的商学院也采用案例研究，但是更加鼓励团队基础上的项目合作。由于英国政府有意建立"商业教学与研究的卓越中心"，1964 年成立了伦敦商学院和曼彻斯特商学院，这两所商学院都采取美国的 MBA 全日制教学的模式。而英国的 Cranfield、Warwick 和 Lancaster 等商学院则采取欧洲的一年制的 MBA 学制。不过，欧洲的商学院并无法撼动美国在 MBA 教育领域的统治地位。20 世纪六七十年代，越来越多的欧洲人选择在美国学习 MBA，而非在本土进行学习。到 1979 年，美国一度拥有 500 个 MBA 课程。汉迪教授（Professor Charles Handy）的报告狠狠地揭露了这一事实，这份报告令英国政府猛然意识到英美商业教育的巨大差距。1979 年，英国打破了伦敦商学院和曼彻斯特商学院两家垄断的局面，允许任何一家英国大学独立自主地开办自己的 MBA 课程。法国、德国在 20 世纪八九十年代也相继采取了同样的步骤。就目前的状况来说，在 MBA 教育领域，美国仍处于最顶尖的地位，拥有 600 个 MBA 课程，7 万名全日制 MBA 学生。而英国共有超过 100 家商学院，法国有 70 家，西班牙有 50 家，德国有 20 家。总体来说，欧洲大约有 1.5 万名 MBA 学生，其中全日制学生 1 万名。

当前中国管理类专业硕士包括 7 种：工商管理硕士（MBA）、公共管理硕士（MPA）、会计硕士（MPAcc）、工程管理硕士（MEM）、旅游管理硕士（MTA）、图书情报硕士（MLIS）、审计硕士（MAUD）。之所以把这 7 个专业都称为 MBA 的"兄弟姐妹"，是因为这 7 个专业都统考两个科目：管理类联考综合能力和英语（二）。

（二）MBA 教育的革新

20 世纪七八十年代是世界各国 MBA 高速发展的黄金时代。以美国为首的西方国家，经济处于快速发展阶段，企业急需要大量的专业高级管理人才，著名大学的商学院毕业生更是备受青睐，这导致了 MBA 学位供不应求的现象。学生对攻读 MBA 的热情随之高涨，世界各地知名与不知名的院校顺应时代的潮流，纷纷设立了 MBA 课程，MBA 课程数不胜数，甚至泛滥成灾。然而，限于师资力量、教育水平以及专业设备等因素，众多的 MBA 课程质量堪忧。MBA 高速发展至 1991 年达到顶峰，1991 年以后，修读 MBA 课程的学生数量开始下跌。此后若干院校根据产生的问题对 MBA 课程进行革新，攻读 MBA 课程的学生数量开始回升。对外国（尤其是美国）MBA 课程的批评一直存在。商界主管人士与商学院任教的学者成为评判 MBA 课程的主力军。批判的焦点是各院校培养出来的 MBA 人才所具备的能力不能满足商界的要求。简单来说，商界所需要的企管人才要具备以下才能：具有领导技巧，有解决问题的能力，能与人沟通以及具有团队合作的精神。在学者当中，近年批评最激烈的首推加拿大麦基尔大学的亨利·明茨伯格教授（Henry Mintzberg）。明茨伯格认为：" MBA 课程训练出来的毕业生犹如雇佣兵，只有少数的例外，他们对任何行业或企业都没有承诺感。这些 MBA 课程创造了一套错误的企业价值观。"1993 年 11 月明茨伯格对著名的哈佛商学院"纯案例教学法"展开猛烈地批评，认为案例方法只训练了人们对自己几乎一无所知的事务妄加发言。此外，亦有批评者认为哈佛商学院的案例教学法强调个人表现，不重视团队工作，其强调评分法（每班低成绩的学生须占 10%）助长了个人竞争而不是团队合作，因而容易导致企业的不良后果。除此之外，课程的割裂性、毕业生沟通技巧差以及缺乏商业守信等也是被批判的重要原因。

针对上述有关批评，各著名商学院积极反思，并对 MBA 课程进行了一系列的革新，具体革新内容如下：

（1）根据综合性原则而不是职能性原则设计了 MBA 课程。其中，具有代表性的是美国的 Babson 学院。印第安纳大学商学院同样进行了课程重整与综合，减少重复的地方，使教材更合逻辑性。哈佛大学商学院把 MBA 第一学年的十多门专业必修课程精简为四门综合性课程。1993 年 9 月，明尼苏达大学也开始把 MBA 课程综合化，并分为基础核心、职能核心和领导才能核心三方面内容。

（2）重视团队合作精神：建立团队文化已成为各 MBA 课程的一个主流思想。印第安纳大学要求学生分组，在课室内外均进行合作。哈佛大学增加了 25% 的团队项目，并规定团队合作的最低标准。同时，改变了学科评分的方法，缓解了 MBA 学员的竞争状况。

（3）重视学生的"软性"技巧训练。在某些学科特别是行为科学方面，美国若干大学已在精心设计一些有关课程并进行试验，如透过学期研究计划、课堂报告、人际活动等方法，对领导才能的软性技巧进行训练。香港中文大学工商管理硕士课程亦要求新入学的二年全日制学生参加一项"外展训练学校"开设的课程，为期一周，训练学生的毅力、领导才能与团队精神，效果显著。

（4）重视商业道德的训练：重视商业道德是世界各地 MBA 课程的一大趋势。法国 ISA 的 MBA 课程一反其他学校单纯在 MBA 课程中进行道德观念探讨的做法，把学生送到阿尔卑斯山的一间寺院进行道德训练，这种新颖的做法受到众多学生的喜爱与支持。

（5）重视沟通技巧的训练：美国达特茅斯大学 Tuck 商学院及纽约大学 Stern 商学院均聘有专任教授负责管理沟通技巧的讲授。

（6）课程的全球化（globalization）：美国商学院遵循精英商学院协会组织（AACSB）的指引，已纷纷把 MBA 课程变得更为国际性、全球化，这一趋势在 20 世纪 80 年代中期已开始。目前，伦敦商学院（LBS）与法国的欧洲工商管理学院（INSEAD），在课程设置上均以国际性为标榜。

可以预见，今后 MBA 课程会更趋向实用化、严谨化和合理化的道路发展。

（三）MBA 教育的发展趋势

MBA 教育是适应社会经济与技术发展的必然产物。当今世界正处于一个快速变革的时期，经济全球化的趋势、以信息技术为代表的科学技术迅速发展、新经济的崛起以及现代社会对管理人员全面素质的要求等因素，对当代 MBA 教育提出了新的挑战。近年来世界各国都在积极探索 MBA 教育的新规律，及时调整 MBA 培养模式。从发达国家的 MBA 教育现状来看，目前 MBA 教育主要呈现如下发展趋势：

（1）MBA 教育需要国际化。伴随经济全球化，企业国际化，具有国际化战略眼光并适应全球不同文化背景的高级管理人才越来越稀缺。通过生源的国际化、师资的国际化、教学内容的国际化、培养方式的国际化，以提高 MBA 教育国际化水平已成为最显著的发展趋势。

（2）适应新经济要求，在管理通才教育基础上，根据各商学院的特点，出现了有明显侧重的 MBA 培养新模式，如公共会计 MBA、创业管理 MBA、医院管理 MBA 等。

（3）MBA 教育是市场经济的产物，存在着激烈的市场竞争，发达国家商学院已经或正在建立各自的 MBA 教育特色，如哈佛商学院见长于一般管理，沃顿商学院见长于金融、财务管理，斯隆管理学院见长于技术管理等，各商学院利用 MBA 教育的特色在市场竞争中取得优势和发展，同时市场竞争的结果导致了管理教育产业化的思想成为 MBA 教育管理模式的基础。

（4）教学内容和教学方法上的创新。因为企业面临着多变、复杂的社会、经济和法律环境，发达国家的商学院强调了对 MBA 课程内容的综合性整合，以学生为中心的教学方式更加贴近实际。

（5）为适应现代社会对管理者全面素质的要求，MBA 教育更加注重对学生综合素质和能力的培养，特别强调对学生的领导能力、协调沟通能力、团队合作精神以及良好商业伦理观的培养。

三、MBA 与传统学术型硕士

（一）MBA 与传统学术型硕士的联系

首先，MBA 是"Master of Business Administration"的英文缩写。MBA 学位是一种注

重复合型人才培养的学位，是重视能力培养重于知识传授的学位。它要求其毕业生有应变能力、预测能力、综合能力、组织能力，并能在风云变幻的世界市场和国际化竞争中不断发展，不断克服困难，立于不败之地。MBA课程内容广泛，管理学、经济学类、金融、财务、法律都是其必修的课程，同时MBA课程对能力训练要求较高，不光讲究组织、领导才能，对专业的沟通能力，把握全局、进行敏锐思考、判断和处理问题的能力也有一定的要求。中国经批准设置的专业硕士已达15类。专业硕士学位主要包括：工商管理硕士专业学位（MBA）、公共管理硕士专业学位（MPA）等。专业硕士是中国研究生教育的一种形式。根据国务院学位委员会的定位，专业学位为具有职业背景的学位，培养特定职业高层次专门人才。专业硕士教育的学习方式比较灵活，大致可分为在职攻读和全日制学习两类。在职攻读的专业硕士考试一般在十月份，主要招收在职人员和以业余时间学习为主的人员，名为"在职人员攻读硕士学位全国联考"（简称"联考"）；招收全日制学生的专业学位考试与每年年初举行的"全国硕士研究生统一入学考试"（简称"统考"）一起举行。

研究生是高等教育的一种学历，一般由拥有硕士点、博士点的普通高等学校和研究生培养资格的科研机构设置，以研究生为最高学历。根据我国的有关规定，普通硕士教育以培养教学和科研人才为主，授予学位的类型主要是学术型学位。目前，中国学术型学位按招生学科门类分为12大类，12大类下面再分为88个一级学科，88个一级学科下面再细分为300多个二级学科，同时还有招生单位自行设立的760多个二级学科。普通硕士的招生考试主要是年初的"全国硕士研究生统一入学考试"，学生被录取后，获得研究生学籍。学生毕业时，若课程学习和论文答辩均符合学位条例的规定，可获毕业证书和学位证书。

工商管理硕士（MBA）的出现，使得中国商业教育与世界成功接轨。中国有两种硕士学位，一种为学术硕士学位，一种为专业硕士学位。通常情况下所说的学术硕士学位是中国特有的学位系统，在国外并不存在学术学位一说。专业硕士学位是世界高校统一的学位，也就是说国外只有一种硕士学位，不管是搞学术研究，还是搞实践的硕士，在国外都是授予MBA学位，国外不存在学术学位与专业学位之分。所以说中国两种硕士学位的存在，是具有中国特色的，中国引进MA、MFA、MBA等学位制度，也是为了与世界接轨。在国外攻读文学领域的硕士课程，最终都是授予MA学位；攻读艺术领域的硕士课程，都是授予MFA学位；攻读商学的硕士课程，都是授予MBA学位，这是世界高校统一的学位系统，国外不存在学术硕士学位一说，也就是说在国内获得的工商专业的学术硕士与专业硕士到国外时，都被认证并翻译为"Master of Business Administration"，也就是MBA，但有些情况下学术硕士学位在国外是不被承认的。

（二）MBA 与传统学术型硕士的区别

（1）试题难度不同。一般来说，传统学术型硕士参加全国统一入学考试时的英语、数学难度要高于 MBA 的对应考试科目，但由于近年来国内 MBA 报考人数直线上升，竞争也越来越激烈。

（2）报考条件不一样。传统学术型硕士只要符合国家统一的报考规定即可，也就是说应届毕业生和在职人员均可报考。MBA 要求报考者有一定年限的工作经历，绝大多数专业硕士还要求在职人员报考需经所在单位或相应管理部门的同意，有的甚至要求所在单位推荐等。

（3）培养方式不同。传统学术型硕士一般为国家培养，每个月有 200 元以上的补助，也有委托培养和自筹经费培养的。MBA 一律为自筹经费或单位委培。

（4）考试科目不一样。MBA 入学考试要参加全国联考，联考科目为政治、英语、综合能力。普通硕士的招生考试只有年初的"统考"，而统考以外的专业考试则由各招生单位自行命题、阅卷。

（5）培养目标不同。MBA 是具有职业背景的硕士学位，为培养特定职业高层次专门人才而设置。MBA 培养目标是培养在某一专业（或职业）领域具有坚实的基础理论和宽广的专业知识，具有较强的解决实际问题的能力，能够承担专业技术或管理工作，具有良好职业素养的优秀企业家和实践工作人员，即能够适应未来社会激烈竞争的复合型人才。因此，MBA 课程注重实用性。普通硕士教育以培养教学和科研人才为主，授予学位的类型主要是学术型学位，因专业不同，培养目标也不同。

（6）侧重点不同。MBA 教育侧重的是实际能力的培养，在上课的过程中，更加注重商业案例的分析和实战演练。因此，一般读过这种课程的人能够更快地把所学的知识运用到实际工作中，并发挥巨大作用。而一般的硕士研究生更注重的是理论的学习，而且对论文发表尤为看重。

（7）课程设置不同。MBA 课程是对在职或在校生综合素质的提升，不仅包含了学术方面，也包含了文化、科技、通信等各个领域。相比于其他专业专注于某个领域的研究生培养方式，MBA 课程包含财务管理、人事管理和运营管理等诸多方面，所以培养的人才也更加广泛。MBA 课程设置以实际应用为导向，以职业需求为目标，以综合素养和应用知识与能力的提高为核心。MBA 教学内容强调理论性与应用性的有机结合，突出案例分析和实践研究；教学过程中重视运用团队学习、案例分析、现场研究、模拟训练等方法；注重培养学生研究实践问题的意识和能力。在具体的学习过程中，要求有至少为期半年（应届本科毕业生实践教学时间原则上不少于 1 年）的实践环节。传统学术型硕士学位的课程设置侧重于加强基础理论的学习，重点培养学生从事科学研究创新工作的能力和素质。

（8）学习方式不同。普通硕士大多数为全日制学习，学制一般为 3 年。MBA 大多数为半脱产学习，学制一般为 2～3 年。

（9）认可度不同。一般来说，社会对普通硕士的认可要远远高于 MBA 硕士。这是由于普通硕士是全日制正规大学硕士毕业，拥有学历、学位双证。但部分企业在招聘时也会考虑到全日制硕士研究生的弱点：理论丰富，但经验不足。特别对于硕士专业与本科专业方向完全不同，又无相关工作经验的求职者，企业会有所顾忌。这类毕业生一般可通过实习、兼职或考职业证书来加强自身的竞争力。MBA 硕士参加 1 月份统考的能拿"双证"，而工程硕士目前只能拿到学位证，因此整个社会对不同硕士学位的认可程度略有差异。当然，随着近几年专业硕士种类不断增多，报考人数连年上升，因此人气带动了市场效应，其认可度和求职地位也逐渐上升，很多企业不再苛求学历证书，而是更关注专业学位证书本身的含金量。

（10）学习费用不同。学术型硕士研究生的收费标准为 8 000 元／学年，不同专业有所不同。MBA 学费按照不同专业差别较大。例如，MBA 的学费要十几万元甚至几十万元，而工程硕士的学费一般为 3 万～4 万元。

（11）读博方式不同。学术型硕士可以通过自己的导师直接读博，不用参加全国统考，也就是我们所说的"直博"或者"硕博连读"。MBA 一般不能"硕博连读"或"直博"。

第二节　MBA 教学配置

一、MBA 课程设置

（一）MBA 学制

美国 MBA 最初是两年的全日制教学。但是，随着世界经济的高速发展、市场化的竞争以及多元化的冲击，MBA 教学也从传统的两年制向多种学制的方向发展。

1. 美国的两年全日制 MBA

学生用 21 个月的时间在校全日制完成 MBA 课程。一般是 9 月入学，在校学习到次年的 5 月。紧接着从 6 月到 8 月，学生开始自由到公司、银行等相关企业进行为期三个月的实习，以便应用一年级所学的知识，积累相关经验，同时为第二学年的学习和生活准备资金。同年 9 月回到学校，在校学习到第三年 5 月，就可以选择毕业。每学年一般分为秋季和春季两个学期。两年制的 MBA 是 MBA 教育的原始模型。目前，美国几乎所有的工商管理学院都是以这种模式为基础的。

2. 一年的全日制 MBA

一年制的 MBA 是在经济发展节奏加快、越来越多的人难以腾出两年空闲期去参与 MBA 课程学习并获取相关学位的情况下产生的。学生 6 月入学，连续三个学期修完 MBA 的课程，次年 6 月毕业。一年学制的优点是及时、快速。尽早毕业，尽早工作，尽早获得收益，但它同时也需要比两年制 MBA 更高强度、更艰辛的付出。

美国一流的工商管理学院中目前只有少数几所是一年制的 MBA，而且对申请人有特殊的要求。例如，康乃尔大学（Cornell University）的一年制 MBA 要求学生有科学和工程的硕士以及科学和工程的硕士以上的学位。西北大学（Northwestern University）的一年制 MBA 要求学生的大学本科专业是工商管理。麻省理工学院的一年制 MBA 要求学生有技术管理方面 5 年以上的工作经验。

3. 16 个月的全日制 MBA

16 个月的全日制 MBA 是从传统的两年制 MBA 基础上演变而来的。学生连续 16 个月，用四个学期完成 MBA。在美国的一流工商管理学院中，哈佛大学（Harvard University）、哥伦比亚大学（Columbia University）和纽约大学（New York University）等学校有这种学制。

4. 业余 MBA（Part-Time MBA）

该学制主要是为了使大量不能够放弃工作的人能有机会完成 MBA 课程而设置的。学生在工作附近的学校用晚上和周末的时间上课。典型的模式是每学期修两门课，用 4～5 年的时间完成 MBA 课程。业余 MBA 的优点是学生可以在完全不放弃工作的情况下完成学业，而且许多公司会支付全部或部分学费。但是，坚持五年边工作、边学习需要很大的决心、毅力和体力。而且业余的 MBA 很少有时间参加工商管理学院的课余活动，这也成为它的一个缺陷。

5. 函授 MBA（Distance Learning MBA）

这种 MBA 学制起源于英国，后来发展到西欧和北美的部分学校。它类似于中国的函授教育。学生不是集中在一起上课、讨论，而是通过学校的教材、讲义、案例和录像进行学习。最近几年，这种 MBA 的教学方式越来越多地运用现代化的通信手段——传真、电子邮件等来进行教师与学生、学生与学生之间的交流。美国麻省理工学院从 1997 年开始 4 个月的全日制和 20 个月的函授相结合的 MBA 教育模式。该校还准备通过现代化的通信手段把工商管理学院的部分课程传到清华大学和复旦大学，使这两所学校的 MBA 学生能和麻省理工学院的学生"一起"上课。这种远距离通信方式最近也开始在全日制教学中应用。

6. 主管人员的 MBA（Executive MBA）

它的对象是有 5 年或 8 年以上工作经验的公司、银行的主管。上课时间是每周末的一天或两天。学生边工作、边学习，公司支付学生上课的全部费用。学制是两年或两年半。绝大多数学生毕业以后仍在原公司工作。主管人员的 MBA 在美国被称为"红地毯 MBA",因为学生大多是公司、银行能干而有前途的中青年主管。MBA 的知识和学位为他们的事业铺上了一条通往成功的红色地毯,在他们面前展现了一条更广阔、更辉煌的道路。

7. 短期的工商管理训练班

除了正规的授予 MBA 学位的工商管理教育外,有些学校还有短期的不授学位的训练班。时间从一周到三个月不等。这些训练班一般专注于一个方向,如"商业谈判""策略管理"等。哈佛大学每年春季和秋季为期三个月的训练班是面向高级主管,由 6−7 门课组成完整的教学计划,它的许多毕业生在世界各大公司中担任高层次的主管职务。

MBA 培养学制一般为 2−5 年,学习形式分为全日制、非全日制(一般安排在周末时间上课)两种。全日制形式学习时间为两年,非全日制形式学习时间为 2.5 年,最长不超过 5 年。

(二)MBA 课程

针对广大管理人员对专业知识需求的不同,MBA 课程具体分为以下三种:

第一种是供任职公司高层管理者攻读的课程,通常是利用工作之余的时间学习,名为高阶工商管理硕士(Executive MBA,EMBA),学员不需要参加管理类全国联考;

第二种是供在职管理者攻读,以增进其管理知识的普通工商管理硕士课程,分为在职工商管理硕士(只有硕士学位)和全日制工商管理硕士(有研究生学历和硕士学位);

第三种是供现职从业或具备两年以上工作经验者,以强化其企业管理的专业基础,名为工商管理硕士(Master of Science in Business Administration,MScBA)。

具体而言,MBA 的课程设置主要有:

(1)核心课程(必修课)。该类课程具备以下两点基本要求:首先,内容涵盖 MBA 学生需要掌握的管理学和经济学基础知识和技能;其次,每一课程的内容都比较全面,以保证 MBA 学生在不选修其他专业课程的情况下,对该领域的基础知识仍有相对全面的了解。这类课程主要包括:会计学、应用统计学、规划与决策、管理经济学、组织行为学、市场营销、生产与作业管理、公司财务、战略管理等。

(2)公共选修课。公共选修课有助于提高 MBA 学生的素质,面向全体 MBA 学生。这类课程主要有:项目管理、宏观经济学、国际贸易、实用商务数据分析与预测、概率论入门等。

(3)专业方向必修课。专业方向必修课是选修课程的一种,仅对于选修该专业方向的学生是必修课程。它能让 MBA 学生在全面了解管理学基本知识和基本技能的前提下,对某一专业领域的知识和技能有较深入的了解。这类课程以会计与财务管理方向为例,有财务报表分析、管理会计、管理控制与审计等。

（4）专业方向选修课程。为了保证 MBA 学生对管理知识与技能的全面了解，MBA 学生在主修方向课程之外，必须选择一定学分的其他方向的选修课。

二、MBA 的教学理念及目标

从 MBA 教育的起源可以看出，MBA 教育是高层次的职业教育，它培养的人才不是以掌握工商管理某一学科的专业知识为目标，而是以具备从事企业经营管理职业所必需的职业道德和职业技能为目标，充分体现了管理知识转化为生产力、管理直接为经济服务的特点，它与传统科学学位研究生的学术性教育有着显著的差异，MBA 教育在培养目标、生源要求、教学内容、培养过程管理、实践活动以及就业指导等环节上有自身的特点。MBA 教育进行的是一种有意识、有目的、有组织、有完整学科内容、有独特方式，能有效为工商企业培养职业经理人的超越大学层次的研究生教育活动，它的一切行为都是围绕如何培养合格职业经理人而进行的，因此 MBA 教育是一种典型的以培养实用型高级经营管理人才为目标的研究生教育模式，其本质是以研究生形式来培养职业经理人才的"职业教育"。

具体来说，MBA 教育旨在通过提供必要的专业知识培养学生的竞争力、自信心、合作精神、创造性、责任心和商业伦理观，以便在企业中有效地发挥作用，促进学生的职业生涯发展，增强其服务企业的能力，并成为企业的核心和领导。依据 MBA 教育的具体目标，纵观国内外 MBA 的现状，其培养过程的主要特点可以概括如下：

（1）规模培养，办学的社会效益和经济效益高；

（2）教学中注重理论联系实际，案例教学占有极大分量；

（3）教学形式多样化，重视实践活动；

（4）作为国际性标准学位，课程内容体现为管理技能、人文素质和计算机技术培训三位一体，以综合素质训练为主；

（5）教学设施先进；

（6）就业指导服务良好。

MBA 教育的培养目标是：以培养能够胜任工商企业和经济管理部门高层管理工作需要的务实型、复合型和应用型高层次管理人才为主，培养具有全球视野、社会责任感及创新精神，掌握现代经济管理知识和技能，践行可持续发展的各界精英。

MBA 教育的目的是为企业服务、为市场经济服务。在这样培养目标指导下的 MBA 教学目标始终是明确的。也正因为有了如此清晰的教学目标的指引，也为 MBA 教学内容的丰富、教学形式的多样提供了方向。由于企业高层管理人员的工作是丰富多彩的，这给

MBA 的教学内容提供了更大的想象空间，从战略管理到人力资源，从 CEO 的决策到日常的管理沟通，从工作流程到企业文化，都可以成为某一节课的内容。这不仅对于开阔学员的视野、提升自信心、拓宽解决问题的思路等方面有显著作用，而且在培养个人的雄心壮志、锻炼人的意志等方面，也能产生实际的功效。

因此，MBA 教育特别强调在掌握现代管理理论和方法的基础上，通过商业案例分析、实战观摩、分析与决策技能训练等，培养学生的实际操作技能，使学生接受知识与技能、个性与心理、目标与愿望等方面的挑战，更具职业竞争的实力。

在 MBA 教育中，主要是研究营利性组织经营活动规律以及企业管理的理论、方法与技术的科学，其范围比较广，所学课程也较多，涵盖了经济学、管理学的很多课程。同时，MBA 还提供基本的经济与数据分析，课程是高度综合性的，包括工商政策与策略、法律等。课程还要求学生获得理论联系实际的知识和技巧，如决策能力、团队合作、领导艺术、企业家潜力、谈判技巧等。

通过不同的 MBA 课程，从不同的侧面培养学员的五种能力，使其总的教学目标具体化。这五种主要能力如下：

（1）宽广的眼界。能全面考虑问题，了解大范围状况，全面整体地解决问题；

（2）分析能力。善于梳理含糊的信息，使之条理化、清晰化，并对问题有准确的判断和认知；

（3）技术与专业技能。包括各种商业手段和职能方面的能力；

（4）商业道德。作为一个管理人员应当具有的尽职精神和伦理观；

（5）专业能力。能成功地与同行或竞争对手相互交往，能在各种竞争条件下出色地完成任务。

以上说明在 MBA 教学过程中，不变的是目标与方向，变化的是方向指引下的教学形式和内容。

三、MBA 的教学培养模式

（一）MBA 教学培养模式

全日制 MBA（Full-time MBA）学生参加每年 1 月份的全国 MBA 联考，被录取后，在校学习 2 年，上课时间与本科生相同，周一至周五为课程安排时间，毕业后可获得学校研究生毕业证书和 MBA 学位证书。

国际 MBA（International MBA）即"IMBA"，学生同样也是参加每年 1 月份的全国 MBA 联考，被录取后，在校学习 2 年，周一至周五为课程安排时间，全英文授课，全英文答辩，同时需要与海外留学生共同学习生活，毕业后可获得学校研究生毕业证书和 MBA 学位证书。

在职 MBA（Part-time MBA）学生参加每年 1 月份的全国 MBA 联考，被录取后，在职学习 3 年，上课时间一般安排在晚上或周末，毕业后可获得学校研究生毕业证书和 MBA 学位证书。

中外合作 MBA，是指国家鼓励的外国教育机构同中国教育机构在中国境内合作举办的中外合作办学项目，此项目一般参加学校自主考试，被录取后，在职学习两年，每月集中上课，英文授课占总课程 50% 以上。如加拿大魁北克大学与中国矿业大学的中加国际 MBA 项目，毕业后可获得中国教育部留学服务中心认证的工商管理硕士学位证书。

在职 MBA 学位班（GRK-MBA），学生参加每年秋季的 GRK 联考，被录取后，在职学习 3 年，上课时间一般安排在晚上或周末，毕业后可获得学校 MBA 学位证书。参加 1 月联考的可以获得工商管理硕士学位和学历，参加 10 月联考的可以获得工商管理硕士学位（注：部分院校已经取消了 10 月联考）。

高级管理人员 MBA，EMBA 英文全称为 "Executive Master of Business Administration"，直译为"高级管理人员 MBA"，或"高层管理人员工商管理硕士"。它是由芝加哥大学管理学院首创。读 EMBA 的学员一般由公司推荐，利用业余时间集中上课，课程内容广泛，理论与实践平衡，其实质是一种具有学位的在职培训，它对任职公司中上级而又无 MBA 学位的管理人员很有意义。

异地办学 MBA 是最近几年刚兴起来的一种全新的教学模式，一些地区受到本地教育资源匮乏的限制，由政府或个人出面引进了异地学校来办学。异地办学可以很好地缓解当地教育资源的匮乏，很大程度提升当地教育水平，提升当地人员的基本素养，尤其是院校比较少的地区，可以在短期内满足地方教育资源的不足。另外异地办学 MBA 层次更加分明、更加充实。如深圳地区的武汉大学 MBA，低分数线、低学费、高标准教学的"两低一高"满足了很大一部分在职管理者的需求。

（二）MBA 教学培养阶段

MBA 教学培养主要分为以下三个阶段：

1. 第一阶段：商业基础阶段

本阶段课程着重于教授商业的功能、核心原则以及团队动力。具体包括以下课程：

（1）管理的行为（Managerial Behavior）。该课程涉及组织及组织管理中的人的行为的各方面，重点在于确定目标并进行组织、管理以确保目标的实现。

（2）管理组织（Managing Organizations）。该课程检视管理中的人的因素。

（3）应用统计（Applied Statistics）。该课程学生们熟悉统计学的术语，理解数字的含义，重点在于让学生在真实的决策环境中运用统计学的有关知识。

（4）金融会计（Financial Accounting）。该课程旨在教会学生如何分析财务报表，从中获取关于企业经营状况的信息。

（5）管理会计和控制（Management Accounting and Control），教授学生足够的知识及技能以分析管理会计报告，同时讨论一些管理会计中有争议的问题。

（6）价格和市场（Prices and Markets），介绍微观经济学理论及真实的商业运行环境，提供经济学的工具来分析消费者行为、生产理论及成本、定价政策等。

（7）营销管理（一）（Marketing Management Ⅰ），检视营销所担任的主要功能，提供定量分析及定性分析。

（8）营销管理（二）（Marketing Management Ⅱ），使学生深入了解营销策略的形成及实施。

（9）生产及运营管理（Production and Operations Management），学生将在本课程中学习各类运营环境及策略方面之间的联系。

（10）金融（一）（Finance Ⅰ），介绍金融的基本知识，重点在评估项目、企业战略及金融安全。

（11）金融（二）（Finance Ⅱ），学习决策领域中的金融方面的知识，如红利政策、资本结构、合并及收购等。

2. 第二阶段：理解环境阶段

第二阶段以第一阶段的课程为基础，阐述了管理中各功能领域之间互相联结和依赖的关系，使学员们深刻理解公司运作所面临的激烈竞争和所处的环境。

（1）战略管理。本课程介绍了企业战略的组成及其应用的有关概念。让学员评估总经理在加强和保持公司良好运营方面所扮演的角色。通过运用在核心课程中学过的技能，本课程培养学员形成跨功能的全局思维能力，以便在缺乏完整及正确信息的情况下，仍能判断企业应采用何种战略。学员通过多方面的因素来分析公司战略，如公司所处的行业和竞争环境，公司的内部能力和资源等。本课程的重点在于讨论促进企业战略在国际化大环境中实施的组织程序。

（2）经济分析。微观经济学分析与企业、消费者和政府行为相关的经济波动背后的规律。微观经济政策常运用于对短期问题如商业周期、通货膨胀、失业及贸易失衡等，还有长期问题如增长和经济的探讨。在理解全球经济构成及政策措施的联系时，本课程可帮助学员们充分利用合适的经济政策，包括财政、货币及汇率政策的技能。

（3）行业政策及国际竞争。本课程通过对比欧洲、日本和美国所实行的方法讨论国际贸易理论。该课程通过对增长和衰退的行业研究，探讨国际贸易政策和公共、竞争及行业政策以及这些政策对国际竞争的影响。

（4）国际政治分析。本课程使学员们具备分析主要地缘政治驱动力的能力，从而肩负起进行全球化管理的艰巨任务。它对决策过程、公共政策的种类和政策与商业之间的关系进行了对比。其重点在于分析美国、日本和西欧之间的关系。除此之外，还有对亚洲新兴工业化国家，中欧及东欧的改革，拉美债务危机的延续以及亚洲危机深化的调查。

3. 第三阶段：个性化发展

选修课程使学员们有机会通过学习一系列不同主题、不同水平的课程来使部分MBA课程个性化。学员们必须在一个学年内选修至少七门课程，第三期选两门，第四期选两门，第五期选三门。约有六十种选修课程备选。

除选修课程外，主题讨论日将根据学员及教师的兴趣，提供一个和专业教师、企业家及学科领域权威人士一起探讨某一专题的机会。

随着MBA课程的普及，MBA教育形成了一些MBA教育品牌。例如，国内长江商学院的MBA、北大光华的MBA、清华MBA等。国内MBA教育市场的成熟，促使更多的国外MBA课程进入国内教育市场，并且多以与国内大学进行合作来展开，这里比较典型的有中法MBA，中美MBA等课程。

第三节 MBA学位论文的写作

一、撰写MBA学位论文的目的及意义

（一）撰写MBA学位论文的目的

MBA学位论文撰写的目的主要有两个方面：一是对MBA学员的知识和能力进行一次全面的考核；二是对MBA学员进行科学研究基本功的训练，培养学员综合运用所学知识独立地分析问题和解决问题的能力。

撰写MBA学位论文是在校MBA学员最后一次对知识的全面检验，是对学员基本知识、基本理论和基本技能掌握与提高程度的一次总测试。它不仅仅是对某个学员已有某单一学科知识的考察，而是着重考察学员对知识的运用能力以及解决问题的研究能力。写好一篇MBA学位论文，既需要作者有很好的文字功底，丰富的学术知识，还需要作者能够全面、系统地运用专业知识。这就要求学员在校期间认真学习各个专业课程，以便于全面掌握专业知识以及公共课知识。通过MBA学位论文的写作，学员可以更加简单地发现自己的优

缺点，以便在今后的工作中有针对性地提升个人工作能力，同时也便于学校全面地了解和考察每个学生的学习能力以及是否符合毕业的标准，同时还有助于帮助学校全面考察教学质量、总结经验，以便日后提高 MBA 教育质量。

培养学员的科学研究能力是撰写 MBA 学位论文的第二个目的。通过撰写 MBA 学位论文有助于学生初步掌握进行科学研究的基本程序和方法。当今社会，学员从事各行各业的工作都需要具备一定的研究和写作能力。在国家政府部门或者国企单位工作，起草工作计划、总结、报告等是一项基本的要求，为此就要学会收集和整理材料，能提出问题、分析问题和解决问题，并将结果以文字的形式表达出来。通过撰写 MBA 学位论文，可以很好地锻炼、提升学员发现问题、收集资料、撰写文章的能力。同时，可以很好地培养学员的开拓创新精神，并将这种开拓创新能力带入实践中，为自身所在的公司贡献最大的力量。

（二）撰写 MBA 学位论文的意义

撰写 MBA 学位论文的过程有助于提高学员独立进行科学研究的能力。首先，学员需要独立地收集、整理材料，具备确定样本、采集与分析样本的能力；其次，还需要学会如何利用图书馆检索文献资料，学会操作实验仪器等方法。撰写论文为学员进行科学研究提供了很好的机会，一方面学校会为学员提供专业的教师进行一对一的指导，以减少 MBA 学位论文写作过程中的一些失误；另一方面学员在撰写 MBA 学位论文的全过程中，能体验学术研究过程中的艰辛与不易，系统、全面提升学员对学术研究的认知。

撰写 MBA 学位论文有助于帮助学员更生动、切实、深入地学习专业知识，并且更好地掌握专业知识。首先，撰写学位论文是结合科研课题，把理论知识与社会实践相结合，将理论知识用于解决实际问题，在理论和实际结合过程中促进学员更加深入地消化、加深和巩固所学的专业知识，并把所学的专业知识转化为分析和解决问题的能力；其次，在收集材料、调查研究、接触实际工作的过程中，既可以印证学过的书本知识，又可以学到许多课堂和书本里学不到的鲜活知识。此外，学员在 MBA 学位论文写作过程中，还可以就公司或者所处职业所面临的具体问题进行研究，研究结果可以很好地帮助解决公司遇到的问题，打破职场中所遇到的瓶颈，为其他人员提供合理的学习范例。

二、MBA 学位论文写作的步骤和要点

MBA 教育在培养模式上与普通硕士存在着显著差异，这就从根本上决定了 MBA 学位论文写作有其自身的要求，需要学生牢牢把握并灵活地加以运用。以下分别从论文选题、论文撰写、论文修改等几个方面阐述 MBA 学位论文写作的基本步骤和要点。

（一）明确方向，确定选题

在论文写作中，选题是第一步，也是最重要的一步。好的选题会使学员在后续撰写过程中更有研究热情和研究欲望。一般来说，MBA学位论文选题应结合两个方面进行确定，一是自身兴趣，二是自身对所选题目的了解程度。"兴趣是最好的老师"，也是持续研究的动力。学员一旦对某个专题或者问题产生了浓厚的兴趣，就会主动去求知、探索、实践，也更容易将MBA论文撰写出来。因此，在选题确定时，要选择自己比较感兴趣的方向和领域，以保证自己能够有足够的动力保持写作持久力。MBA学位论文要求具有一定的理论性和较强的实践性。因此，作者需要对自己的选题方向有一定程度的了解，避免一片空白从零开始。如果完全从陌生的领域入手，就需要花费大量精力在该领域的基础知识上，而缺少时间与精力写出一篇合格、高质量的论文。MBA学生大多具有一定的工作经验和管理基础，因此，作者最好结合自身的工作经验或者自身所在企业或行业来确定论文选题方向。

（二）深入研究，明确题目

论文选题确定后，作者应该借助各种平台以及各种途径广泛搜集文献。只有进行足够广泛的文献检索，认真研读，才能掌握该方向目前已有的研究成果、研究现状以及研究空白，进一步明确论文选题的研究价值，同时便于后续撰写文章的研究背景以及研究现状。文献检索的过程也是对自己论文选题方向的再梳理，对于论文将要采用的研究方法，论文的大致结构可形成初步的认识。在此基础上，要着手确定自己论文的具体题目。论文的题目应明确、简练，所谓明确就是一定要对研究对象进行明确限定，简练就是题目一定不要繁杂冗长。为此应反复推敲，不怕麻烦，直到满意为止。

这两个阶段都要注意和导师保持联系，进行积极的沟通，注意吸取导师的意见和建议。

（三）收集资料，撰写内容

不同的论文因为选题不同，研究对象各异，所采用的研究方法也是不同的。但所有论文在前期的共同工作就是进行资料的收集，MBA学位论文写作也不例外。这个过程跟文献检索的过程应该是同步进行的，收集的资料越多越好，越全越好，这些资料是我们论文写作的基础。值得注意的是，由于现在信息获取的途径很多，我们收集到的资料数量十分巨大，因此学员一定要做好分类整理以及总结归纳，剔除不需要的信息。检索的时候感觉比较有价值的文章要分门别类地收集，方便日后查找。

在论文开题的同时，要形成自己的写作大纲，对于每部分要写的内容做到心中有数。后期写作过程中，也会边写边对自己的论文结构进行调整，但前期确定的论文框架基本上是不会发生变动的。只有大纲明确合理，后期的文献检索、论文内容的撰写才会目标明确，避免花费大量无效的精力。论文的撰写就是在论文框架基础之上进行的内容填充。论文的撰写需要的时间比较长，由于学校对于论文抄袭的审查越来越严格，大家对论文的各处引用都要标明来源，可以一边写一边标注，避免遗漏，还要注意引用率不能超过学校的规定。

需要特别注意的是，MBA 属于专业型硕士，更加侧重于对现实、具体问题的研究和分析。因此，在论文中理论和概念阐释的篇幅不能过大，切忌进行理论和概念的堆砌。最好是针对某类问题或者围绕某个具体案例，加以深入研究，提出有针对性的对策，进而对现实具有一定的启发和借鉴意义。

除此之外，还应该做好论文的修改。MBA 培养的是高层次的管理人员和职业经理人。和其他研究生论文的要求一样，其论文用语要求规范，符合公文写作的一般要求，杜绝使用口语性的词句。在这方面，同学之间可以互相阅读对方的论文，发现用语不规范，及时标记，然后再各自修改论文，也可以请导师提出修改以及完善意见。论文完成后，还要经过必要的修改和完善。只有反复修改，才能形成一片高质量的毕业论文。

另外，目前各高校在对毕业生论文评价中，都增添了"中国知网论文重复率检测"环节，只有达到一定的硬性要求，才被允许进行论文答辩。因此，对于论文查重率的"红线"不能轻视，必须要加以认真对待。

一般而言，由于 MBA 学生自身的研究基础和积累比较有限，难免在论文中进行一定的摘引，因此更加有必要重视这个问题。有条件的同学在向学校正式提交论文检测之前，利用现有市面上的一些检测软件，如 paperpass、万方论文检测软件等，进行自测。但是切记不能通过一些无名的渠道检测论文，以免论文泄露。针对自测出来的重复字句或段落，具体分析，进行针对性的修改，最终圆满通过论文重复率检测环节。

本章要点

本章介绍了 MBA 的起源与发展历程，以及 MBA 的相关教学配置，并且在此基础上简述了 MBA 学位论文撰写的目的与意义、写作步骤和要点。通过以上介绍，便于 MBA 学员初步认识 MBA 教育发展与课程设置等内容。

思考练习

1. 国内的 MBA 课程设置与国外的有哪些区别？
2. 新的时代背景下，对 MBA 教育提出了哪些挑战？
3. 简述 MBA 学位论文的写作步骤与注意事项。

第二章 MBA学位论文选题

确定选题是所有论文写作的第一步,也是最为重要的一步。对于MBA学位论文写作来说,也是同样的道理。好的选题可使论文的研究与写作具有很强的现实意义,同时也便于作者更好地构思与撰写。关于论文选题的类型、选题的基本原则、确定选题的方法与参考因素等相关内容是本章讲解的重要内容。

第一节　MBA 学位论文选题的类型

MBA 学位论文不仅要保障论文写作的现实意义，而且要突出其专业性。通常 MBA 学位论文选题类型可以分为四个类型。

一、案例编写类型

高质量的案例能够很好地反映出 MBA 的专业特色。案例类型的论文主要分为以下几个部分：第一部分，结合 MBA 学位论文的写作要求以及论文所选案例的特点，阐述论文选题的背景、研究思路、研究路线及案例资料收集的过程以及研究的意义；第二部分，案例的主要内容，该部分主要是真实、详尽、客观地反映案例，将所选案例涉及的企业发展现状、历史回顾、关键人物、重要时间及相关数据、图表等进行展示，同时也可以给出部分可阅读的资料，让内容的展示更加真实；第三部分，得出结论以及相关的应用。因为论文最终要具有现实意义，所以在案例的写作过程中，应该特别注意对相关理论的应用，通过理论联系实际，将文章中案例所具有的现实意义以及解决思路等相关内容讲述清楚。

二、企业诊断类型

根据企业具体的问题，进行最精准的企业诊断，这类论文指的是 MBA 学员根据所学的企业管理等相关知识，找出企业经营过程中存在的问题，并分析问题产生的原因，最终给出改进意见。在该类论文的写作过程中，需要注意三方面问题。第一，问题必须真实存在，不能瞎编乱造。在写作该类论文时，MBA 学生必须深入企业、积极探索，找出企业存在的具体问题。第二，探究问题产生的具体原因。企业产生的问题，往往是由多方面的原因造成的，在分析问题的过程中，作者需要综合多方面的因素，找出最直接、最密切的真实原因。第三，重视问题的解决。在进行企业问题的诊断过程中，应该以解决问题为最终目的。

三、专题研究类型

该类型的 MBA 学位论文，重点在于研究，对象是以专题的形式出现，也就是该类论文研究的是具有代表性及典型性的专题问题。在写作的过程中应该注意三点。第一，体现"专题"的特点。专题的选择应该具有代表性、普遍性、典型性等特点，通过对其研究能够提供指导性的思路、方法、方案或者措施等，同时应该体现"专"的特点，其选择不应该过于宽泛，针对企业管理、产业发展及区域经济等问题"小题大做"或者"小题深做"。第二，论文的写作过程中应体现"研究"的特点。在研究的过程中应该遵循问题的产生、发展、措施和政策等逻辑顺序，得出有价值的结论。第三，论文评价标准的选择需要慎重。该类论文的研究主题是理论，通过运用理论来观察、分析及解决现实中的经济管理问题。

四、调研报告类型

该类论文指的是通过科学的调查研究方法对企业、行业、组织等进行研究。此类论文在写作的过程中，应该注意四点问题。第一，兼顾国内外背景分析。在对具体企业的分析过程中，应该对其所面对的国内外背景进行全面分析，以便更加全面地理解问题。第二，要有实际资料作为支撑。在论文的写作过程中应该多运用表格、图表及数据等，将文字表述与数据支持相结合。第三，综合运用所学知识。在进行问题分析时，需要综合运用所学知识，甚至可以通过建立模型来实现。第四，注重结果的适用性及指导性。提出的解决措施应该具有可操作性，能够为问题的解决提供一定的借鉴。

第二节　MBA 学位论文选题的基本原则

对于 MBA 学位论文的选题，一般应遵循以下原则：

一、合理把控范围，问题精确具体

MBA 学位论文在选题时应该对其有一定的把握，不能太大或者太小，也不能太宽泛或者过于狭窄。在论文的写作中往往存在一个误区，认为选题越大越好，而实际情况是选题越大越难把握，在论文写作时，也就越可能出现不准确或者过于空泛的现象。因此，在论文写作时，应该从小处着手，进行较为细致的研究，将论文选题具体化，力求精确、透彻。

二、注重实用价值，不能脱离实际

有些MBA学员认为选择一些别人不怎么研究的领域会很有成就感。这也是论文写作的误区之一，在确定论文选题时应该更加注重联系实际生活，解决大家关心的热点话题，用自己所学的知识去解决问题，才具有一定的现实意义。

三、选题新颖，见解独到

一篇成功的MBA学位论文应该有一定的创新点，这些创新点可以是新观点、新看法或者新见解。好的选题是一篇论文的灵魂，它能够引起人们的关注。因此，在进行论文选题时，应该从这些创新点入手，寻找能够支持其成立的论据。只有如此，才能够让论文的选题表现出一定的新颖性。

四、题目规范，言简意赅

选题应简明、具体、确切，能概括论文的特定内容，有助于选定关键词，符合编制题录、索引和检索的有关原则。题目是论文内容的高度概括，力求概括、高度浓缩。

五、参考个人兴趣，确定论文选题

对于自己感兴趣的选题，在平时要有所关注和积累，才能对其比较好地掌控和把握，以及挖掘和潜心研究。论文写作是一个相对漫长的过程，资料的收集和整理也很辛苦，若没有兴趣或有反感的情绪是很难顺利完成论文创作的。

六、关注时政热点，研究富有新意

如何选择切入点，如何合理确定研究对象是MBA学员面临的第一个重要问题，因为选题的切入点恰当与否，将直接决定毕业论文的质量。因此，MBA学员必须积极关注时政热点,鲜明地列出研究的重点、难点,积极发现研究内容的新颖与创新点,并且做到重点突出、难点明晰、创新点明确,不能让观点淹没在内容中。

第三节 MBA 学位论文选题的方法

一、浏览捕捉法

在对企业的管理过程中,不断学习新的知识,有利于企业的科学化管理,因此需要在日常生活中多了解一些行业新知识。浏览捕捉法就是通过对企业管理或者相关的前沿文献信息材料进行快速、大量阅读,在比较中来确定选题的方法。在浏览过程中,材料需要达到一定数量,且时间要相对集中,这样有利于对材料进行集中比较和鉴别。浏览的目的是在咀嚼、消化已有材料的过程中,提出问题,寻找研究课题。这就需要对收集到的材料进行全面的阅读研究,主要的、次要的、不同角度的、不同观点的资料都应了解,不能看了一些材料,有了一点看法,就到此为止,急于动笔。也不能"先入为主",以自己头脑中原有的观点或看了少量材料后得到的看法来决定取舍。应当冷静、客观地对所有材料进行认真的分析思考。在浩如烟海、内容丰富的资料中吸取营养,经反复思考、长期琢磨后,必然会有所发现。

具体步骤如下:

(1)广泛地浏览材料,通过对其纲目、观点、论据、论证方法及体会等进行记录,积累素材。

(2)将材料分类排列、组合,寻找线索,发现问题,为论文的选题提供思路。

(3)将自己的体会与材料进行比较,在深思熟虑的过程中,萌生自己的想法并及时记录,再做进一步的思考,选题的方向就会渐渐明确。

二、追溯验证法

在企业的管理或实际生产过程中,也会发现各种各样的问题。为了解决问题,可根据经验进行一定的猜想,然后再进行验证。追溯验证法是一种先有设想,然后再通过阅读资料加以验证来确定选题的方法,即根据自己平时的积累,初步确定准备研究的方向、题目或选题范围。但这种设想是否真实可行,作者心中也没有太大把握,故还要按设想的研究方向,跟踪追溯。

具体步骤如下:

(1) 分析自己的设想是否对别人的观点有补充作用,如果别人没有论及或者论及较少,则要再分析主、客观条件,只有对这一问题得出比较圆满的答案,才可以把设想确定下来,作为毕业论文的题目。

(2) 如果自己的设想虽然别人还没有论及,并且自己尚缺乏足够的理由加以论证,考虑到写作时间的限制,那就应该中止,再重新构思。

三、选题内容再发掘

如果自己的设想与别人重复,则应舍弃;如果只是部分重复,则应再缩小范围,在非重复方面深入研究。通过对选题内容的再发掘,可以省去一定的时间,在论文的写作过程中才可能有一定的突破。

四、善于捕捉灵感

要善于捕捉灵感,并对其抓住不放,深入研究。在阅读文献材料或调查研究中,有时会突然产生一些思想的火花,尽管这种想法很简单、很朦胧,也未成型,但千万不要轻易放弃。因为这种思想的火花往往是对某一问题做了大量研究之后的理论升华,如果能及时捕捉,并顺势追溯下去,最终形成自己的观点,是很有价值的。

第四节 MBA 学位论文选题的考虑因素及误区

一、MBA 学位论文选题的考虑因素

前文已经论述过 MBA 学位论文选题的重要性,下文给出选题相关考虑因素,主要因素包括以下几个方面。

(一) 借鉴别人的研究

任何选题都不是空穴来风,也不是凭空捏造。MBA 学员应该借鉴他人研究,在他人研究的基础上,积极发现存在的问题或者发现新的研究思路,进而确定自己的选题。这就要求在写作之前通过知网、图书馆等平台,查看别人的研究论文,如果遇到自己感兴趣的,

就可以进行适当延伸,直至得到自己想要研究的课题。在这一过程中,一方面需要注意问题研究的时间限度,如果时间太久就无法及时反映市场问题;另一方面,可以参考本校毕业生的学位论文,可以更好地了解同学们的选题热点与大体研究方向,避免自身研究脱轨,同时也有利于自己后续工作的展开。

(二)参考热门方向

MBA 的学位论文相对特殊,在写作方向上大多是反映当前较为热门以及前沿的问题。因此,在确定选题之前,MBA 学员可以结合学校具体信息,选择较为热门的研究方向。在众多热门问题中,选择一个自己感兴趣的。同时需要注意的是,应该多与身边同学交流,避免选择完全一样的热点问题,采用完全一样的方法进行研究。

(三)自我分析

确定选题之前,MBA 学员需要进行自我分析,主要包括三个方面:其一,分析自己研究方向的具体定位,明确自己所要达到的研究目的;其二,明确自身所具有的资源以及相关资源的获取途径,如果资源较难获取,那可以考虑放弃该研究;其三,分析自己可能要面对的困难,提前对各种困难构思应对方法。

(四)拟定题目

MBA 学位论文题目形式相对固定,要求控制在 25 个字符以内(副标题除外),格式上类似于"对×××的研究"或者"关于×××的研究",如果题目过长或者有信息必须注明,可以在破折号后加入相关信息,作为副标题。需要注意一点,MBA 学位论文要求具备一定的深度,因此"简析""浅谈"等字眼不适合在题目中出现。

(五)咨询导师

在 MBA 学位论文的写作过程中,应将自己的想法、研究思路及时与导师进行沟通。导师是你学术路上的指路人,可通过与导师的交流及时调整论文写作方向与范围。

二、MBA 学位论文选题的误区

在选题过程中,部分 MBA 学员会陷入一定的选题误区。为了帮助学员避开选题误区,现将常见的误区一一列举,以帮助学员更好地把控。

(一)学位论文选题偏大或偏小以及混乱等

1. 选题偏大

MBA 学员因为没有充足的时间进行专业知识学习,因此,在论文的写作过程中对于选题偏大的论文驾驭能力是非常有限的。如 MBA 学员在选题时以国家的基础行业或者带有世界字眼的论文题目,对很多学员来说是无法驾驭的。因此,当这样的毕业论文题目出现的时候,学员若不进行修改而一意孤行,就会出现"假大空"的现象,让毕业论文无法站住脚。

2. 选题太小

论题太大 MBA 学员不好驾驭,但是如果论题太小也不太合适。作为一篇 MBA 学位论文,题目太小,论文的研究价值就非常有限,如有名学员把某个规模很小的民营企业的员工培训作为毕业论文研究方向,这样的毕业论文即使成文,也不易体现一名 MBA 学员的素质。

3. 偏向理论研究

这类研究方向实在有点偏离 MBA 教育的培养方向,MBA 教育重在理论联系实际,重在培养学员解决实际问题的能力,所以建议学员在拟定毕业论文题目时更多地考虑解决实际问题,而不是空泛的理论探索。

4. 选题混乱

对所要研究的内容、主体不清楚,究竟是研究一个公司的整体运作情况还是研究该公司的某一项目、职能一定要明确。有的学生甚至分不清自己的毕业论文究竟是要进行描述性研究还是探索性研究。

(二)MBA 学位论文题目存在逻辑错误

有些 MBA 学员学位论文的题目中存在明显的逻辑错误。在自身毕业论文的题目编写中没有反映该论文的研究思路,是从一般到具体还是从宏观到微观,之所以出现这样的问题,主要是因为 MBA 学员在论文写作前对论文缺乏整体把握,在写作的过程中,没有一定的顺序,具有很强的随机性。

(三)MBA 学位论文研究内容存在缺陷

MBA 学位论文是一个整体,需要一整套的解决方案,如一篇研究营销的毕业论文只注重营销方案、营销手段,却忽略了客户。如果一篇有关营销的论文不涉及客户,不对客户进行全面分析,那营销的目的就无法实现。研究内容过于空泛,而真正体现作者思想的因果分析又很少,对所列举出的题目也未给出自己的评价,或者虽然进行了评价,但没有评价依据。

（四）MBA 学位论文资料运用不当

1. 对资料真伪不加判定

信息时代，各种信息、资料浩如烟海，怎样使用资料就成为很重要的问题。而很多学员在撰写毕业论文时，对所收集到的资料，尤其是很多来自互联网的资料，不加考证和甄别，拿来就用，这实在是一种很不负责任的做法。没有资料只可能导致毕业论文显得单薄，但若使用了错误的资料，整篇 MBA 学位论文就会失去其价值。

2. 不会正确使用资料

很多 MBA 学员在学位论文撰写前收集到大量的资料，在撰写过程中却不懂得或不忍心舍弃与自己论文主旨无关的资料，凡是收集到的资料都尽可能地用在论文里，以为能丰富论文，增加论文的说服力，却不知无关的资料堆砌过多，只会使论文显得臃肿，还会冲淡主题，甚至出现与自己论文主题相反的错误现象。

第五节　MBA 学位论文选题参考

1. 供应链管理、物流管理
2. 物流与供应链管理
3. 服务运作与收益管理
4. 基于实物期权方法的项目评估与投资决策研究和应用
5. 价值战略核心理论研究
6. 链式战略组织协调
7. 产业价值结构分析
8. 服务价值结构分析
9. 产业创新与技术创新管理
10. 用信息技术解决企业面临的具体问题
11. 基于信息技术与电子商务环境的企业管理创新
12. 商品化软件采购决策研究
13. 信息技术与组织关系的理论及实证研究
14. 其他与企业信息化相关的问题研究
15. 企业信息化案例研究

16. 企业信息化层次及范围需求分析研究

17. 企业信息化绩效评估

18. 企业信息化战略规划研究

19. 信息化项目的管理

20. 跨文化管理沟通

21. 文化差异对国际商务的影响研究

22. 国际市场营销研究

23. 跨文化谈判研究

24. 组织文化与竞争力

25. IT 产品区域市场竞争战略方向

26. 区域科技创新体系战略研究

27. 知识产权若干问题研究

28. 企业融资结构、企业价值与企业治理

29. 我国企业债券市场发展的相关问题研究

30. 新兴技术企业的投融资策略研究

31. 证券设计与风险企业资本融资

32. 电子商务系统中的客户关系管理解决方案研究

33. 电子商务环境下客户关系管理系统的构建

34. ×× 企业客户价值评估方法及客户细分

35. ×× 企业客户满意度调查与分析

36. ×× 企业客户忠诚度和满意度关系研究

37. ×× 企业员工满意度与客户满意度关系研究

38. 客户关系管理中的客户智能应用研究

39. ×× 企业客户价值战略研究

40. 数据挖掘方法在客户价值评估中的应用研究

41. 数据挖掘在客户关系管理中的应用研究

42. 物业管理 CRM 系统分析与设计

43. 居民小区数字化社区构建方案研究

44. 企业战略研究

45. 信息管理与电子商务

46. 网络经济的创新模式

47. 现代管理科学提升城市专业市场的战略研究

48. 企业信息化绩效评估

49. 组织行为（激励、领导、团队、谈判等内容）
50. 组织管理（如组织结构、组织文化、组织变革等内容）
51. 面向电子商务的企业（管理）信息集成模式与架构
52. 基于电子商务策略的 ERP 集成架构研究
53. 制造企业结构化生产模式理论研究
54. 企业协同运作模式、技术及其集成架构研究
55. 面向协同运作的 ERP 与 SCM 集成方案研究
56. 生产模式的诊断与改造研究
57. 基于多角色的企业供应链运作与管理模型研究
58. ERP 中 CRP 标准算法的改进及其应用研究
59. 大型项目的风险管理问题研究
60. 网络计划技术的优化及其应用
61. 兼顾项目与运作管理两种需求的集成化信息化解决方案研究
62. 以信息资源平台为核心的电子政务总体架构研究
63. 面向 SCM 的运作管理模式及其信息集成支撑系统
64. 面向 SCM 的 APS（高级计划排程）系统及其应用
65. 管理数字化的结构体系、技术与实现研究
66. 行业企业运作管理特征及其对 ERP 项目的影响研究
67. 传统工业工程对现代企业的作用、价值与应用研究
68. 5S 现场管理体系及其在 ×× 企业的应用
69. 精益生产方式的管理体系、基础技术及其应用研究
70. 大型复杂项目的项目管理特点与对策研究
71. MC（大规模定制）在 ×× 企业的应用与实施
72. 精益项目管理及其应用方法研究
73. 面向企业先进管理模式的管理信息技术应用方法
74. 管理信息化咨询服务的相关问题研究
75. 基于 EIP 集成平台的企业 EAI 集成应用体系研究
76. 政务信息化与电子政务应用模式
77. 基于工业工程的企业优化技术、方法与应用
78. 企业发展战略专题研究
79. 企业兼并、重组案例研究
80. 公司财务管理与财务运作理论与实践研究
81. 集团公司财务运作专题研究

82. 民营企业融资环境与对策研究
83. 企业兼并、重组案例研究
84. ××证券市场投资者行为研究
85. ××证券市场股改问题研究

本章要点

本章主要总结了 MBA 学位论文选题的相关内容：首先，介绍了 MBA 学位论文选题的类型；其次，介绍了论文选题的基本原则；最后，简述了论文选题的基本方法。同时，在前人研究基础上，总结相关经验，为 MBA 学员指出选题的相关考虑因素以及误区，并在最后一节中，给出了目前较为热门的选题作为参考。

思考练习

1. 简述 MBA 学位论文选题的注意事项。
2. MBA 学位论文选题过程中需要考虑哪些因素？
3. 目前有哪些热点话题适合成为 MBA 学位论文的选题方向？

第三章 MBA学位论文开题报告

本章介绍MBA学位论文开题报告的定义、主要内容、注意事项及开题流程。MBA学位论文开题报告是MBA学员对自己论文研究思路和研究准备的一种文字性说明材料。学员须在导师的指导下认真研读文献并选择与自己相关的、感兴趣的研究领域，通过文献阅读与思考形成开题报告。老师及专家们通过开题报告的信息判断所选的课题是否有价值，研究的方法是否可行以及文章的逻辑是否存在错误。开题报告有助于MBA学员做好论文的准备工作和保证论文质量，因此MBA学员必须认真撰写。

第一节 撰写 MBA 学位论文开题报告的作用及前期准备

一、撰写 MBA 学位论文开题报告的作用

开题报告是 MBA 学员对自己科研论文的一种文字性说明材料，也是通过文字体现学员对论文的总构想，开题报告有助于论文写作的顺利开展。开题报告对于 MBA 学位论文来说起着不可代替的作用。开题报告的质量对 MBA 学位论文的水平高低有重大影响，而学位论文的质量在很大程度上也是衡量 MBA 学员培养质量的重要标志。

从对 MBA 学员培养的角度来看，开题报告是 MBA 学员学位论文写作的重要环节，是文献调研工作的聚焦点，是学位论文撰写的奠基石，是为陈述和确定学位论文题目而举行的论文交流报告会。开题报告是对 MBA 学位论文质量进行管理和监控的一个重要环节，是一个阶段性考核，对学位论文的写作起到定位的作用。

从 MBA 学员自身的角度来讲，请导师对自己的研究思路提出评审建议，有利于学生及时发现问题、纠正思路，从导师那里获得更多的帮助。通过开题报告，MBA 学员将会对自己的研究内容有一个更深层次的理解，从而使论文选题的目的更加明确，研究重点更为清晰。开题报告既是 MBA 学员进行论文写作的理论回顾和前瞻分析，同时也是对 MBA 学员科研素质以及科研能力培养的一种有益实践。

开题报告是保证学位论文质量的前提，内容包括选题的目的、意义和必要性，对论文的书写起着重要的引领作用，同时，开题报告也探讨了论文选题在实际应用上是否具有一定的社会价值。"好的开始是成功的一半"，好的开题报告也是优秀学位论文的基础。

开题报告可促使 MBA 学员做好各项论文准备工作。为使开题报告顺利通过，这就要求研究生在开题报告前做好一系列的准备工作，同时也要求系、教研室和导师对 MBA 学员的选题严格把关。对于选题合适、方法得当，措施能落实的研究生批准论文开题；对于尚有不足的就要求再进行修改补充，重做开题报告。这样才能从一开始就体现出对学位论

文质量的高度重视。因此，做好开题报告是保证学位论文质量的第一步。

开题报告可使选题范围、目的更加明确。为了做好开题报告，MBA 学员需进行大量的调查研究，查阅与选题内容相关的文献资料；了解国内外研究现状，目前的研究重点、研究价值以及还有哪方面的研究不足；了解目前现有的理论和进行研究实验的条件和手段。只有通过这一系列的准备，MBA 学员选题的目的才能更明确，也能更高效地进入论文撰写阶段。

开题报告起到了学术交流的作用。只有在导师以及专家的指导下，学生才能发现自己的不足，通过开题报告时的学术交流可丰富自己的专业知识，开阔眼界，充分了解选题的可行性和实用性，为后续的研究工作提供良好的基础，撰写出高质量的学位论文。

二、撰写 MBA 学位论文开题报告的前期准备

在进行 MBA 学位论文正式开题之前，MBA 学员应该多研读文献、多思考，明确选题方向，选好题目并准备开题，同时也要结合自己的兴趣和实际工作初定选题；在论文指导导师确定后，应及时与其沟通，从而确定初步的研究方案；在确定研究方案后，应确定调查研究对象并明确研究问题；接着查阅相关文献资料，收集有关的研究信息和研究数据；确定研究或分析的方法并进一步形成基本的研究框架，做好开题报告的准备等。在撰写一篇 MBA 学位论文开题报告前，MBA 学员必须考虑以下几方面的因素。

第一，要研究什么内容，也就是要进行与论文研究方向相关的已有文献的综述，研究与此相关的题目和已有的国内外研究现状并进行相关内容的撰写，这里切记要如实概括别人的观点并进行评述，包括分析和评估别人的观点，以及研究中的不足和进一步研究的内容，说明这些内容和观点还有很多问题值得研究。因此，MBA 学位论文所写内容是根据文献综述得出的，而不是主观想象出来的。

第二，为什么要进行这方面的研究，即主要说明该选题的价值与意义。MBA 学位论文更强调与实际工作相联系的应用价值，主要强调如何应用这些文献理论来说明现象、分析问题、提出有价值的建议、措施和策略。从社会价值和实际意义来看，也就是说该题目对现实工作有什么意义，可以解决什么样的社会问题等。

第三，如何进行这方面的研究。MBA 学员在说清楚为什么选这个题目之后，应说明如何解决这个问题，这些问题如何寻找答案。也就是说，要说明 MBA 学位论文研究的大致思路，同时还要重点阐述需要用何种方法和手段进行研究。

在上述几个方面中，应重点关注文献综述，如果没有文献综述，则 MBA 学员没办法明确自己的选题方向，也不知前人做过哪些方面的研究，所以 MBA 学员必须认真撰写文献综述，其目的是引出论文的主题。

第二节　MBA 学位论文开题报告的主要内容

开题报告是学生在导师指导下，在认真查阅文献资料的基础上撰写的，也是确定论文思路及主线的重要活动。开题报告的内容应包括如下几方面：

一、序言

MBA 毕业论文开题报告的序言主要包括进行该项研究的目的与意义、国内外研究现状、研究的创新之处、研究的基本思路与框架。序言部分应该简明清晰、详略得当，突出研究重点从而加深读者印象并与结论形成呼应。序言是读者对 MBA 学位论文的第一印象，可以反映出选题的好坏以及对该选题所做的准备工作。

二、选题的背景

论文选题的背景，主要指为什么要进行该方面的研究，即为什么要提出这个问题，该问题是在何种背景下产生的。因此，需要在论文研究前对所涉及国家、行业、学科、专业等整体情况进行概括性描述，一般可以通过定性与定量结合的方式进行背景介绍，同时要介绍自己的研究工作，将两者尽量结合在一起，做到合理自然。在 MBA 学员开题报告中必须明确体现出选题的背景。

三、研究的意义与目的

开题报告要指出为什么要写本篇论文，也就是写作的意图、缘由。意义与价值如果能区分开，就分开论述；如果不能，就合在一起进行说明。具体的研究意义与目的在前文已有详细说明。

四、国内外与论文选题相关研究的现状

国内外研究现状（即文献综述）是学位论文的重要组成部分之一，应对与本论文的核心问题直接相关的研究现状（包括主要学术观点、前人研究成果和研究水平、争论焦点、存在的问题及可能的原因等）、新水平、新动态、新技术和新发现等内容进行综合分析、

归纳整理和评论。在这部分主要回答或列出围绕研究题目已经阅读的和准备阅读的相关文献和书籍目录，指出与选题相关的主要理论范畴。其主要任务就是对所要调查研究的题目进行必要的理论分析，厘清与此问题有关的研究文献的贡献与不足，从而确定自己的调查重点和目标。

五、论文研究的主要内容

论文研究的主要内容是论文写作的重点，撰写论文过程中应将研究内容阐述清楚。在介绍自己的研究过程中，现有的理论、技术和研究成果一定要与自身的研究成果区分开来并描述清楚，突出自己的学术贡献和论文的创新之处。切记要详略得当，清楚明了地展现当前要研究的问题，通过何种手段进行研究，研究得出来的结果，哪些是自己的成果，哪些是引用他人的成果等内容。同样，论文章节不宜过多，否则易造成论文观点分散，工作量过大导致无法按时完成撰写任务。一般而言，论文研究的主要内容可以分为三个部分，分别是研究目标，资料整理、分析及讨论，研究结论。

（一）研究目标

论文写作的目标即为论文选题最后要达到什么样的具体目的以及需要解决哪些具体问题：即本论文写作的目标定位，在确定研究目标时应该紧扣课题，用词应当精准明确。同时，在确定论文写作目标时，既要考虑选题本身的软硬性要求，也要考虑当前的工作条件以及工作水平，从而制定切实可行的研究目标。

通常而言，研究目标与研究内容之间是相互依存、互相促进的关系。研究目标是指论文研究最终拟解决的问题，而研究内容则是为了解决最终问题而依次回答或解决的相互之间有逻辑关联的一系列子问题。论文研究目标旨在阐明研究的意图，而非研究的问题，研究的问题应该由所收集的数据来给予回答。

在撰写研究目标的过程中，常见的可能发生的问题包括：忽视研究目标；目标扣题不严；研究目标用词不精准；对研究目标没有进行准确定位；对预定的目标没有选择合适的方法进行研究或者忘记研究。

（二）资料整理、分析及讨论

MBA学位论文的资料整理、分析及讨论部分应按照如下逻辑顺序进行梳理：研究的背景及具体案例介绍；问题提出；问题分析；提出问题的解决办法；构建问题的解决模式；提出具体的实施策略，得出结论等。在这一部分中应主要注意以下问题：

1. 布局清晰

在论文写作时，切忌只提出问题而不进行研究并给出解决方案。要杜绝这个问题，先要搭建论文的合理框架。以案例论文为例，搭建"现状—问题—解决方案"的框架是案例分析论文的惯用模式，这种清晰明了的布局可以直截了当地展现论文框架，同时也会让论文的作者形成"发现问题、解决问题"的心理暗示，以免发生提出问题而不解决的疏漏。

2. 描述客观

MBA学员在进行企业现状的描述时，务必遵循"客观、真实、相关"的原则，不宜夸大，同时在引用企业资料时应尽量使用原始数据，适当进行归纳总结，但是切勿进行主观加工与预测。此外，在撰写论文时要尽量选取与研究内容相关的资料，如写会计核算的论文，若涉及公司的组织架构和部门（岗位）职责则可进行相关材料的整理描述，但是若与研究内容关系不大，则完全可以不采用这方面的资料。

3. 深入调查

深入调查是确保MBA学位论文客观真实且有价值的研究基础。借助调查对企业所面临的现状和问题进行剖析是MBA学位论文研究惯用的有效手段，尤其是人力资源薪酬、产品市场营销、公司组织优化方面的调查等。进行该类调查时，首先要合理设计调查问卷，其次可以借助线上和线下等多种方式展开有效调查，针对回收的数据使用专业的统计软件及统计知识进行分析，验证假设。如果限于外界因素，不便运用专业软件，则可以进行电话或者面对面访谈。本环节中需要注意的是，深入调查的目的不仅是为了找出问题，更是要结合所学知识对问题的成因及背后的逻辑进行分析，从而找出解决办法并避免未来发生此类问题。

4. 创新务实

创新与否是衡量一篇论文的价值所在，务实则是指研究是否可以落到实处。对于MBA学位论文来说，问题的解决方案是核心落脚点，因此，MBA学位论文应注重解决方案的创新和可行性。MBA学位论文的创新可以体现在多个方面：多方观点的系统整合、运用传统理论解决新问题、在别人的观点和做法上进行延伸等。将实践与创新相结合，使文章既接地气又别具新意，同时，如果可以在论文中展示出方案的可行性，则更会为论文锦上添花。

5. 认真仔细

注意排版和格式，注意语句要通顺，逻辑清晰，用词规范，文中应穿插适当数量的图表，同时对于细小的环节，如致谢也应该认真撰写。

（三）研究结论

研究结论是一篇MBA学位论文的收尾部分，是以他人的研究成果为前提经过作者本人严密的逻辑推理和论证所得出最终结论。也就是说，研究结论不是某个单一问题的结论，而是数篇论文凝练的对某一组问题的回答。研究结论是 MBA 学员从整篇论文的所有材料（包括各种参考文献）出发，经过一系列的推理、归纳等逻辑分析过程而最终得到的一组新的学术总观点。MBA 学位论文的结论不是对前人研究结果的简单重复，而应反映 MBA 学员对研究内容更深层次的认识。研究结论是学位论文主要成果的总结，反映了论文的价值。研究结论应与论文提出的问题相呼应，同摘要一样可为读者提供参考依据。研究结论通常由如下三部分组成。

1. 研究结论

MBA 毕业论文的结论主要是由研究的背景与问题、文献综述、研究方法、案例资料分析与定性或定量研究得到的，其中核心的结论为正文部分的资料分析与研究的结果得出的结论和观点，即论文的基本结论。研究结论必须清楚地表明论文的观点，有什么理论作为支持，对实践有什么指导意义等，若用数字来说明则效果最佳。不能模棱两可，含糊其词，避免使人有似是而非的感觉，从而怀疑论文的真正价值。

2. 研究的不足

此部分内容表明论文的局限性所在，包括研究假设、资料收集、研究方法等方面的不足，可为后来的研究者在该领域进一步完善指明方向。

3. 后续研究建议

后续研究即为 MBA 学员在完成学位论文过程后的思考，以及由于客观原因或者学术水平有限尚未彻底研究的领域。研究建议常与不足之处密切相关，能为后来者继续深入研究提供思路与借鉴。

对于一篇特定的 MBA 学位论文的结论来说，研究结论是必须有的，而研究的不足和后续研究建议则视论文的具体内容可以多论述或少论述。MBA 学位论文的结论部分具有相对的独立性，应提供明确、具体的定性和定量的研究信息，且可读性要强，避免草草收尾和画蛇添足。必须基于论文的真实研究，写出体现论文特点和特色的结论。

六、论文研究的主要方法

《硕士、博士专业学位研究生教育发展总体方案》中规定："专业学位的学位论文，必须强化应用导向，形式可多种多样。鼓励采用调研报告、规划设计、产品开发、案例分析、项目管理、文学艺术作品等多种形式，重在考查学生综合运用理论、方法和技术解决实际问题的能力。"与此同时，《工商管理硕士专业学位基本要求（征求意见稿）》也规定："工商管理硕士（MBA）学位论文工作时间应不少于半年；论文的具体形式可以是专题研究，可以是调查研究报告或企业诊断报告，也可以是企业管理案例分析等。"MBA 学位论选题应来源于管理实践，要求从企业管理的实际需要中发现问题，提倡问题导向型研究。因此，根据 MBA 教育的培养目的和效果，MBA 学位论文研究方法一般有三种：案例研究法、企业诊断研究法、调查研究法。

（一）案例研究法

案例研究法是指对某一特定的事例，首先将其写成案例，再运用规范的理论方法和实践知识对该案例进行系统的分析，从而得出富有启发性结论的论文形式的科研成果，如对公司成功与失败提供合理的解释，运用管理理论寻找最终结果以及背后存在的逻辑。因此，案例分析报告型论文的问题及成因比较清晰，属于"事后总结"，重在因果分析，核心是逻辑。案例研究法主要是针对企业，也可以是针对某一行业（协会）、某一科研院所、高等学校或政府的某一经济主管部门。案例素材主要是在 MBA 学生通过对案例对象进行实地访谈、调查的基础上提炼获得，而不能仅靠他人提供的文字、音像资料或口头介绍等二手资料整理、编写而成。理论导向研究中的案例研究以理论构建和理论检验为主要目的。

案例研究法至少应包括研究设计、案例描述、案例分析三个部分。

1. 研究设计

研究设计一般由三部分内容构成：焦点问题的确定、案例分析设计、理论工具介绍。案例分析报告写作会经历案例对象初访与案例聚焦的确定、背景资料准备与理论工具选择、现场调查与访谈、案例描述和案例分析等主要阶段。在案例研究中，作者应简要叙述这些阶段是如何完成的；对案例分析历程进行充分、客观、简洁的展现，是案例研究的重要保证。在"理论工具介绍"中，作者应概括性地介绍案例分析中会用到一些理论与分析工具，但对于教科书中的一般知识在论文中不宜赘述。

2. 案例描述

案例描述是案例分析报告的一个主体部分，应讲述一个引人入胜的故事，对案例"人、地、时、事"等基本事实进行真实、客观、生动、完整的描述。案例描述一般由三部分内容构成：背景介绍；具体关注的领域；焦点议题和问题。案例描述最好以第三人称展开写作，只作描述，不作分析，分析和评价统一放到案例分析部分。

3. 案例分析

案例分析是论文的核心部分，管理案例的本质是"借尸还魂"，"好分析"胜过"好故事"。

案例分析是运用一定的理论框架对案例进行逻辑分析和判断，通过逐层剥茧，找到问题背后的真正原因。作者应依据案例分析设计部分提到的理论工具，围绕事件因果链条，将焦点问题分解成 5—8 个系列问题，将分析逐渐深入。

案例讨论一般由案例分析思路、具体案例分析两部分构成。案例分析思路主要呈现系列问题之间的联系，案例分析的逻辑线和鱼骨图等是非常有用的工具。具体案例分析是对系列问题的逐一回答，分析过程中应掌握好理论工具与案例素材的良好匹配，使分析令人信服。如有需要，建议增加"管理改进建议"的写作。

（二）企业诊断研究法

企业诊断研究法是运用有关管理理论、分析方法和工具，针对某企业存在的具体管理问题进行诊断，重点在于发现问题的成因，提出解决问题的思路、方法和可操作方案。企业咨询报告分析主要是针对企业的，也可以是针对某一行业（协会）、某一科研院所、高等学校或政府的某一经济主管部门。企业诊断数据同样必须是 MBA 学员通过对咨询对象进行实地调查和诊断形成的报告，而不能仅靠他人提供的文字、音像资料或口头介绍等二手资料整理、编写而成。

企业诊断研究法与案例研究法最大的区别在于，它不仅要通过相关的管理理论和诊断工具明确咨询对象面临的关键问题，而且还要分析问题的根源，并由此提出一个以上的问题解决方案。

企业诊断研究至少应包括研究设计、诊断问题描述与分析、问题解决方案与实施建议三个主要部分。

1. 研究设计

一般而言，企业诊断研究会经历咨询对象初访与问题聚焦、诊断方案设计与工具选择、现场调查与诊断、问题成因分析、解决方案提供和实施辅导五个主要阶段。作者应简要叙述这些阶段是如何完成的，尤其要对诊断历程进行充分、客观的展现。一般而言，研究设计由咨询关键议题的确定、诊断方案设计、咨询工具介绍三部分内容构成。

2. 诊断问题描述与分析

运用各种诊断工具和方法，在充分的调查、研究、分析、计算基础上，找出企业在经营过程中存在的问题，并着重找出造成问题的内因与外因，形成最终的诊断结论。其中，诊断结论中应该明确指出出现的管理问题到底是什么，产生问题的根本病因是什么。一般由咨询对象的组织背景、咨询对象在本次咨询关键议题领域的做法及现状、诊断问题描述、问题根源分析四个部分构成。

3. 问题解决方案与实施建议

借鉴现有管理理论和前人管理经验，提供一个以上的问题解决思路，并评价和推荐某一思路，进而就该思路设计一套切实可行的改进方案，并提出实施建议。操作方案应该针对性强，具体、详细和具有可操作性。

（三）调查研究法

调查研究报告是 MBA 学员运用社会调查方法、市场调研方法等，对工商管理领域内的某个或某些现实问题进行较大样本的深入、系统调查研究，通过对调查所得数据和资料进行科学分析、总结归纳，最终形成的调查结论。与案例分析法和企业诊断研究法的"个案"特征不同，调查研究法的研究对象具有"群体"特征。调查既可以采用量化研究方法，如发放问卷，也可以采用访谈、观察的质化研究方法。

调查研究报告的正文至少应包括研究设计、调查结果及分析、调查结论与建议三个部分。

1. 研究设计

作者应对论文的研究目的、研究思路、调查计划、工作流程以及研究方法等进行说明和解释。对调查对象、调查范围、调查方式、实施方法、意外事项的处理等内容进行比较详细的说明。

2. 调查结果及分析

在本部分中，作者首先要对收集到的资料加以甄别、筛选、分类和相应的数理数据加工、处理，然后应运用设计好的或合适的资料处理方法对所得调查资料或数据进行规范的分析研究，对分析结果要进行合乎规范的解释或说明。在这一阶段中，调查研究报告撰写人处理具体数据的方法、技巧和理论素养，对研究结果的解释力度、深度等可产生重要的影响。

3. 调查结论与建议

在本部分，学生基于上述研究工作，可以结合相关理论知识或工作经验，对计量分析或统计分析的结果进行解释论证，通过比较研究与讨论，可形成本项研究的主要结论，并用规范的语言将其表述出来。作者也可以对结论部分进行延伸性解释，如哪些结论可以扩展，哪些结论需要一定的前提条件等，以进一步说明该结论的应用价值或意义。

七、论文研究的创新点

有创新点是硕士论文的基本要求之一，在写作 MBA 学位论文时自然也要考虑。不过 MBA 学位论文中的创新，并不是必须要有科研成果上的创新，无论是理论、模型、研究方法，还是视角、研究背景，只要有一点实现创新，就基本达到了要求。硕士论文中的创新，其实是要求毕业生要有自己的观点或者全新看法，只要是前人没做过的，或者对前人研究有新的看法都可以，然后再用所学知识进行论述。那么 MBA 学位论文如何寻找创新点呢？

第一，重新整理过去的文档，即对以前的相关研究进行文献梳理并综述，在这个过程中有可能从整理中获得灵感，或是从文档回顾中整理出头绪。

第二，对于定义各种问题的词语或句子保持好奇的态度，可以发挥想象力，查字典或专门的书籍，找出关键词与同义字，明确这些用语的意义，只有知道术语或用词的意义时，才能从当中选出所需要的词语，在写论文的时候也可以更精准的用词。

第三,在思考时可以将一般逻辑性的概念区分为不同种类,在学会分类技巧后,再往下延伸就是将来论文可能发展的方向。

第四,观察力、敏锐度也是非常重要的能力,细心观察可以看到事情的反面,考虑事情的另一角度也可以激发想象力,研究对比客体也有助于掌握研究主体不同方面的内容。

第五,利用微观与宏观的角度看待事物,可以知道其中的脉络与细节。

第六,用比较的方式可以发现许多线索,如可以进行空间上的横向比较或者时间上的纵向比较。

八、研究方案及其进度安排

论文写作进度表,可按时间顺序分阶段列出,如表3-1所示。

表3-1 论文写作进度表

序号	论文项目和进度	完成时间
1	学员确定研究题目或研究方向和确定指导教师	第一学年结束前
2	开题报告经指导教师审核通过并签署意见后提交开题报告	第二学年开学
3	开题报告答疑并反馈修改意见	第二学年第二个月
4	论文"第一稿"提交至指导老师及反馈意见	第二学年第四个月
5	论文"第二稿"提交至指导教师及反馈意见	第二学年第六个月
6	论文"第三稿"提交至指导教师及反馈意见	第二学年第七个月
7	提交"已定稿的论文"及指导教师的"论文评鉴及建议表"	第二学年第九个月
8	"如何准备答辩"讲座及模拟答辩会	第二学年第十个月
9	答辩及反馈修改意见	第二学年第十一个月
10	修改定稿及提交	第二学年第十二个月

九、主要参考文献目录

MBA学位论文研究取得的成果通常是在前人研究基础上的新进展,它体现着研究的继承和发展。当论文中叙述研究背景、研究目的、文献研究、论文设计等内容时,通常要涉及与已有成果的比较。如果涉及前人已发表或研究过的成果,就必须列出参考文献。

参考文献对开题报告质量的评审起着至关重要的作用。评审老师可以通过MBA学位论文附录的参考文献看出,该学员对所研究的问题是否具有充足的准备及了解。通常可以通过论文的质量和数量两个方面来进行判断。一方面,可以根据参考文献判断出,该学员是否读过所选研究方向中有价值或经典的文献;另一方面,如果该学员所提供的参考文献数量少、年份老旧且价值不高,那么不用看具体内容,就能断定该学员的开题报告质量不会很高,因此应该重视此部分内容。

（一）参考文献的作用

MBA学位论文的参考文献也称"参考书目"，指的是MBA学员在撰写论文过程中所查阅参考过的所有相关的著作和期刊，通常参考文献应列在毕业论文的末尾，以展示学员的阅读成果。同时，MBA学员也可以通过参考文献对论文研究中直接或间接引用他人的研究成果进行标注，从而表明引用内容的所有者和出处，以便读者参考，保护文献原作者的知识产权。参考文献是论文研究中不可或缺的重要组成部分，参考文献与论文共同构成了一个严谨的科学研究过程的闭合表达形态。参考文献既可以体现MBA学位论文在学术上的承接关系以及作者的科学态度和科研品质，也反映了论文本身的内涵和价值，而且为读者的进一步研究指明了方向，具有较高的学术价值和情报价值。一篇MBA学位论文的新颖性与价值性，既取决于其对研究主题历史发展的影响，也取决于国内外同行对其的反应。

完整的参考文献对于一篇MBA学位论文而言是必不可少的。总结起来，参考文献的作用主要体现在以下六个方面：

第一，参考文献可以反映作者的研究基础。论文研究普遍具有继承性，过去的研究为现有的研究奠定基础，现有的研究则是前人研究成果的继续、深化与发展。参考文献既可以反映论文是否具有真实、广泛的研究依据，也可以反映出该论文的起点和深度。在MBA学位论文中所涉及的研究背景、目的等方面的阐述中，必须要对前人研究的成果进行总结评价，从而为导师（或答辩老师）、编者和读者评估自身论文的水平提供客观依据。

第二，参考文献可以体现与他人研究的区别。参考文献在很大程度上将MBA毕业论文的成果和前人的成果区别开来。MBA毕业论文的研究成果尽管大部分是学员自身创作的，但在写作过程中也免不了要引用前人的研究成果，其中包括研究理论、研究方法、研究的数据和其他相关资料，如果不对引用部分加以标注，则会和他人的成果混淆，导致不能体现作者本身的研究能力以及研究创新价值的问题。

第三，参考文献可以表现对他人知识成果的尊重。参考文献是对前人研究成果引用的一种表达形式，MBA学员可以引用前人成果，但也必须对引用的参考文献进行标注，这是一种法律义务。引用了他人的成果就必须标明出处，这不仅体现了MBA学员对他人劳动成果的尊重，也避免了抄袭、剽窃的嫌疑。如果论文中引用了他人成果，却又没能按规定标注，则会被认为缺乏学术道德修养，严重的甚至会被视为抄袭或剽窃行为。

第四，参考文献可以体现科研态度和发挥索引作用。MBA学员在进行学位论文写作过程中，引用、参考、借鉴他人的科研成果都是很正常的行为，这也是所有治学严谨的科研工作者们不容回避的事实。而如实、规范地对所参考的文献进行标注则应该是每一位MBA学员必备的科研素养，这不仅表明了MBA学员对知识、科学和他人劳动成果的尊重，同时也为未来希望进行相同研究方向的人提供了相关文献信息，以便未来科研工作者更加方便快捷地进行有关图书资料的检索和查找，也便于未来科研工作者对论文中的引文进行更详尽的了解，从而启发其思维，以便展开进一步的研究。

第五，参考文献可以向论文阅读者提供一批精选的高质量文献。参考文献可以为读者更深入地探讨某些问题提供有效的线索，从而帮助其查阅原始文献，进一步研读所引用的内容，对自己的观点进行求证或解决自己的需求。

第六，参考文献可以节省论文篇幅。学员在 MBA 学位论文中引用或者借鉴他人的观点来佐证自己的论点，若把观点所涉及的内容一一进行论述，则很容易造成内容烦琐、重点不明。因此，正确列出论文中所引的参考文献，对论文中所需表述的内容凡已有文献所记载皆可不必详述，只需清楚标注文献来源即可。这样不仅可以精练语言、节省篇幅，同时也避免了烦琐的表述和资料的堆积，使论文达到短小精悍的要求。

（二）参考文献的引用原则

参考文献的引用原则具体如下：

第一，参考最新文献。文献新旧与否是评价论文质量的重要参考指标。应精选文献，参考文献应仅限于 MBA 学员亲自阅读并且直接在论文中引用的文献。一般而言，MBA 学位论文应引用 5 年以内的文献，表明学生密切关注本学科的研究趋势，并已了解学术研究的前沿。如果引文过时，就意味着 MBA 学员的理论思想和观点陈旧，他们从事的研究大多是一般性的研究，创新不足，论文的水平也不可能太高。针对内部材料，尤其是那些不宜公开的资料，不能作为参考文献的引用材料。

第二，参考权威文献。每个学科都有一些权威专家、权威期刊和一些顶级的论文和专著。对于 MBA 学位论文来说，引用的文献应来源于权威人士或权威期刊，应该以管理学术水平和实践水平较高的论文为依据。否则，很难反映论文的创新与进步。工商管理领域的权威专家往往走在本学科研究的前沿，学术成果丰富，往往能引起世界各国的关注。如果一篇论文所附的参考文献是出自专家之手，那么作者至少了解了学科前沿知识，这也是进行高水平研究的必要前提。如果一篇论文中的参考文献是从该学科中权威期刊上引用的，那么这篇论文就可能具有相当高的水平。反之，如果引用的文献大多来自较低层次的期刊，那么这类论文的水平基本上就不会太高。

第三，参考文献应从数量和质量两方面入手。MBA 学员在撰写论文时应参考一定数量的文献，这是学术研究的基础和依据。因此，作为一篇 MBA 学位论文，应该有一定数量的参考文献。如果引用的文献数量太少，一方面反映了作者不善于利用他人的研究成果，且对该领域的研究动态关注还不够，研究的起点很低，这类论文很难有创新或突破；另一方面，可能会对参考文献标注的真实性和准确性产生怀疑，需要结合论文的内容来检查是否有多个参考文献。MBA学位论文的参考文献数量应根据论文类型、课题的研究现状和课题的总体发展情况来确定。总之,一篇论文中的文献数量应该根据具体情况进行评估,并且必须与参考文献的质量相结合。

第四,不能剽窃论文。通过参考文献的索引功能可判别引用的真实性、正确性。随着科学技术的飞速发展,新知识和新研究成果越来越容易获得,但也有利于剽窃和其他伪造行为。通过查阅MBA学员列出的文献,可以发现学生是直接复制原始文献还是仅进行了参考,是确有此文献还是作者自己杜撰的。

(三)参考文献可能存在的问题

首先,文献的引用不符合要求,主要包括所列文献的范围过广,将所有查阅过的文献均列入参考文献。例如,许多MBA学员认为参考文献越多越好,他们将参阅过的所有文献均列入其中,有些文献并没有亲自阅读,但其认为这些文献与自己的文章有关,于是也将之纳入参考文献之中。有的MBA学员担心他们的文章引用太多的文献,从而会被他人认为抄袭,因此故意省略一些重要的参考资料。有些MBA学员对文献的理解过于片面,认为只需要列出原始参考的部分,总结、概括他人的思想等不需引用。

其次,文献的参考目录不符合规范,包括一些文献只有作者和标题,一些引用的书籍漏写了出版社,有些期刊漏写了年份等。有些丛书的主编或副主编、丛书的名称、图书的名称等应全部罗列。有的参考文献中数字、标点符号不规范,中文数字、阿拉伯数字、黑点、书名号使用不规范或者错误使用。不按参考文献标准罗列,有的参考文献在文中标注,有的则不标注,罗列顺序也与前文不符等都是常见的问题。

总之,参考文献引用中存在的错误行为有其深刻的经济、社会和历史原因,这些不良学术行为的产生也会带来深刻的不良影响,必须采取一定措施,防范学术不端行为的发生。

第三节 MBA学位论文开题报告的写作要求和常见问题

一、MBA学位论文开题报告的写作要求

开题报告工作由研究生专业学位教学管理办公室(专教办)统一组织并具体实施。项目负责人根据学生选题领域或方向组织三名专家审阅学生的开题报告,并对报告的内容进行审查和评议。专家组由具有专业硕士生指导教师资格的教授或副教授组成。

学位论文开题报告工作要求如下：

（1）学生使用演示文稿（PPT）进行开题报告的陈述；
（2）学生提前到场进行电脑及投影设备的调试；
（3）学生应控制论文开题报告的陈述时间，且语言应简练明了；
（4）专家组成员针对学生的陈述内容提出意见和建议；
（5）专家组审议、论证后，在开题报告书中签署意见，将《开题报告登记表》提交专教办。

专家组对学生开题报告评议的内容包括如下：

（1）论文类型选择和选题是否恰当；
（2）资料的占有是否翔实、全面；
（3）对国内外的研究（调查）现状是否了解；
（4）研究的应用价值是否高；
（5）研究内容是否结构完整、逻辑性强、观点新颖和有创新；
（6）研究方法是否科学、可行和操作性强；
（7）能否开始进行论文写作等；
（8）指导老师在《开题报告登记表》中的"开题报告评语"栏中给出"评语"，并且在"评议结果"栏中给出评审意见。

根据专家组的审核意见，评估结果为"合格"的学生可以正式进行立题，并在两周内将修改后的《开题报告登记表》递交给导师签字，同时将签字的《开题报告登记表》提交一份给专教办并装入学习档案，导师、学生各保留一份。评估结果为"不合格"的学生，可以在专教办下一次组织开题工作时重新进行开题。对第二次开题仍"不合格"的学生，一年以后方能获取再次开题的机会，对第三次开题还"不合格"的学生，则取消其学位授予的资格。

二、MBA学位论文开题报告的常见问题

通过对往届MBA学员论文指导过程的分析，开题报告中常出现以下问题：

（1）对论文选题的意义表述不清，不能说明选题的意义；
（2）没有明确调研单位，导致选题与研究方法不符；
（3）题目选择过于宏观，导致后来论文写作中出现"大题小做"的毛病，这也是开题报告中常见的毛病；
（4）开题报告的内容陈述得过于详细，导致开题报告变成了一篇完整的论文，从而失去了验证理论的作用；
（5）没有在开题报告中明确表明应用何种方法进行研究，导致自身不清楚在论文中应

该使用何种研究方法；

（6）参考文献的标注不符合标准，参考文献过少或过于陈旧，都不能很好地反映论文研究的基础。

（7）论文的时间进度安排得不合理，计划不周密，缺乏可行性。

第四节　MBA 学位论文开题的流程

各个学校不同学院的 MBA 学位论文开题流程不完全相同，但基本流程类似。以武汉大学经管学院为例，开题流程大致分为三个部分，整个 MBA 学位硕士论文开题工作流程如图 3-1 所示。

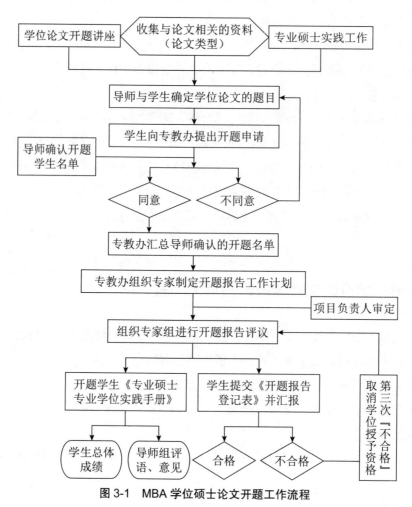

图 3-1　MBA 学位硕士论文开题工作流程

（1）学生前期准备。学生在进行开题工作前先要参加开题讲座，保证对开题工作有正确的认知，同时要阅读文献，收集与论文相关的资料，并参与实践工作。

（2）专教办制订开题工作计划。在进行了基本准备后，导师与学生确定学位论文的题目，学生向专教办提出开题申请，经导师确认后由专教办汇总，并制订工作计划。

（3）学生进行开题答辩并由专家评审。在实际开题答辩过程中，导师需根据学生提交的开题报告及答辩情况对学生成绩进行打分并给出评语意见，最终提交《开题报告登记表》并汇报，如果三次成绩都不合格则取消学位授予资格。

本章要点

开题报告的内容应包括序言、选题的背景、研究的意义与目的、国内外与论文选题相关研究的现状、论文研究的主要内容、研究的主要方法、论文研究的创新点、研究方案及其进度安排和主要参考文献目录。MBA学员在撰写开题报告时，务必注意选题切实、逻辑严谨、格式规范，同时在进行开题报告答辩时，应密切关注学校及学院的安排流程，做好相关的准备工作。

思考练习

1. 简述开题报告的准备工作。
2. 开题报告由哪几个部分组成，每个部分具体包括了哪些主要内容？
3. 结合自己的经历，谈谈如何避免在MBA学位论文开题中出现问题？

第四章 文献检索与文献研究

本章介绍文献的类型、文献研究的特点、文献资料的整理与综述写作、检索工具。文献是指通过一定的方法和手段、运用一定的意义表达和记录体系记录在一定载体的有历史价值和研究价值的知识。文献种类繁多，按照不同的划分基准有不同的分类方式。文献研究是指根据一定的研究目的或课题需要，通过查阅文献来获得相关资料，全面、正确地了解所要研究的问题，找出问题的本质。文献研究应秉持三个原则：尊重客观事实；博采众长，形成系统；吃透文献。文献研究可以使 MBA 学员对研究问题的历史、现状、前景有一个全面的了解，从中发现存在的问题或不足，进而确定自己的研究课题。

第一节 文献及文献的类型

一、文献的定义及作用

（一）文献的定义

文献指的是运用一定的意义表达和记录系统，通过某些方式和途径，在一定的载体上记录具有历史价值以及研究意义的知识。因此，文献的定义中所包含的基本要素主要有：（1）一定的意义表达和记录系统；（2）某些方式和途径；（3）一定的载体；（4）具有历史价值和研究意义的知识。人们通常理解的文献指的是书籍、期刊和文章等文本材料中所蕴含的所有知识的总和。文献的存在是用于记载、积淀、传承知识的最有效手段，它是人类社会活动中最基本、最主要的信息获取来源，也是最基本的沟通和交流手段。

我们今天所说的文献，主要是指相对来说比较有历史意义的书面材料。广义上的文献是指所有记录知识的载体。国际上对文献的定义则为：它是一切智慧的载体。

伴随着人类历史的进步，人们对"文献"的定义发生了翻天覆地的变化。"历史文献"包括传统意义上的古籍、历史古迹、古物、模型、纪念物、绘画等。1984年，我国对"文献"的定义是："文献是记录有知识的一切载体"。在这个定义中，有两个关键词："知识"和"载体"。"知识"是文献的核心内容，而"载体"是存储知识的物质外壳，即用来记录知识的人造固体附件。也就是说，除了书籍和期刊，甲骨文、玉石、简本、拓本、地图甚至缩微胶卷、视频光盘、视听资料等包含知识的载体，均处于文献的范围内。

（二）文献的作用

几千年来，我们的祖先创造了丰富多彩的文化成果，主要记载在浩瀚如烟的各种古籍之中。与某一知识直接相关的书籍和材料即为该知识的文献。古典文献学的基本任务是继承古代文人的方法、经验和成就，运用历史唯物主义和辩证唯物主义对这些文献进行探索、收集、整理和研究，在各类信息中找出真实有效的信息，使之为专业人士所了解、掌握和利用。劳动者在此基础上，不断创造新的科学文化，并为全人类作出贡献。

文献在科学和社会发展中的作用表现在：①科学研究和技术研究成果的最终表达；②在空间和时间上传播情报的最佳手段；③确定研究者优先发现或发明的基本手段；④是衡量研究者创造性劳动效率的重要指标；⑤是研究者自我表达和确认其在科学中地位的手段，是研究者开展研究活动的重要动力；⑥是人类知识宝库的组成部分，是人类共同的财富。

具体来说，文献在科学和社会发展中的作用主要体现在以下三个方面：

首先，文献是人们获取知识的重要媒介。文献是人类文化发展到一定阶段（具有可记录的内容与记录的工具、手段时）的产物，并随着人类文明的进步而不断发展。人类对社会和自然的各种知识的积累、总结、储存和提高，主要是通过文献的记录、整理、传播和研究来实现的。文献可以使人的知识突破时间和空间的局限，并使之不断传递下去。

其次，文献的内容反映了人们在一定社会历史阶段的知识水平，而文献的存在形式（如记录手段、书写材料、构成和传播方式等）受当时社会科学技术发展水平的约束。例如，在纸发明之前，中国的古人只能在龟甲、兽骨、铜器等物件上进行记录；在雕刻和印刷术发明之前，古人只能通过手写来记录文件。然而，正是在文献初级原始阶段丰富经验的基础上，才发明了纸和版画，使得文献的记录更为方便，传播范围更广、速度更快。人们从文献中汲取着知识，并用知识极大地促进了社会文明的发展。由此可见，社会发展水平决定了文献的内容和形式，而文献的继承、传播和创造性运用，又反作用于社会，成为社会向前发展的有力因素。苏联著名作家高尔基的名言："书是人类进步的阶梯"，就是从这个意义上说的。

最后，文献是科学研究的基础。任何科学研究都必须收集广泛的文献资料，在充分掌握数据的基础上分析各种形式的数据，探索其内在联系，然后进行更深入的研究。例如，英国的李约瑟的名著——《中国科学技术史》，便是在拥有大量中国古代科学技术文献的基础上完成的。在中国医学史上，所有在学术上取得巨大成就的医生都非常重视对文献的研究。张仲景在《素问》《九卷》《八十一难》《阴阳大论》《胎胪药录》等医学著作的基础上撰写了《伤寒杂病论》。孙思邈是唐代最著名的医学家，几十年来一直从事医学研究工作，集合唐代以前的医学文献著成《备急千金要方》和《千金翼方》。据统计，《博物馆总法典》直接或间接引用了900多种文献。现代对古代疾病证候、治疗和处方药的研究，也是在收集、整理、分析和研究经典医学文献的基础上进行的。

综上所述，文献对人类文明和社会的进步具有重要意义。无论是现在还是过去，所有的科学研究都是以相关文献为依据的。古典文献在许多学科的现代研究中发挥着越来越重要的作用，也受到越来越多的关注。在现代信息社会中，如果充分利用现代科技手段，古典文学必将发挥更大的作用。

二、文献的类型

20世纪60年代以来，文献数量激增。在我国，随着改革开放的深入，文献出版发行迅速增长。信息爆炸对文献使用造成了较大的冲击，尤其在科技文献领域表现得更为明显。大学毕业生所学知识更新换代更快。一方面，知识更新加快，文献使用寿命的缩短反映了科学技术发展的迅速，说明了利用文献的迫切性和重要性；另一方面，也为人们利用文献带来了一定难度，要求人们必须掌握利用文献的方法，准确获悉新文献。因此，对文献进行分类，并掌握不同类型文献之间的区别对MBA学员进行论文写作具有重要意义。

文献按照不同的划分基准有不同的分类方式。

（一）按文献的媒体形式划分，文献可分为以下十类

1. 图书

图书是人类用来记录一切成就的主要载体，也是人类交流感情、获得知识、传承经验的重要媒介，对人类文明的发展贡献巨大。图书具有品种多、数量大、范围广的特点，一般给人们以系统、完整、连续的知识和信息。

2. 期刊

一般而言，期刊可分为两类：非正式期刊和正式期刊。非正式期刊是指通过行政部门的审批作为行业内部沟通获得"内部报刊准认证"的期刊。一般来说，这类期刊仅限于行业内部沟通，但它们也是一种合法的期刊。通常，正式期刊都会经历非正式期刊的过程。正式期刊由国家新闻出版总署审批，批准创办后发放"国内统一期刊编号"。创办期刊的申请相对严格，需要具有一定的实力。正式期刊有独立的期刊运作指南。期刊具有出版周期短、报道速度快、数量大、信息内容新等特点，是很重要的信息源。

3. 报纸

报纸是指以刊载新闻和新闻评论为主，通常散页印刷，不装订、没有封面的纸质出版物。现代每日出版一次的报纸，称为日刊；每周出版一次的，称为周刊。报纸的特点是报道及时，受众面广，具有群众性和通俗性。

4. 会议文献

会议文献可分为会前、会中和会后三种。（1）会前文献包括征文启事、会议通知书、会议日程表、预印本和会前论文摘要等；（2）会议期间的会议文献有开幕词、讲话或报告、讨论记录、会议决议和闭幕词等；（3）会后文献有会议录、汇编、论文集、报告、学术讨论会报告、会议专刊等。其中，会议记录是会后将论文、报告及讨论记录整理汇编而公开出版或发表的文献。会议文献的特点是专业性强，并且能较全面、迅速地反映某一技术领域或学科的发展水平、动态和趋势。

5. 科技报告

科技报告是指记录某一科研项目调查、实验、研究的成果或进展情况的报告，又称研究报告、报告文献。它出现于20世纪初，在第二次世界大战后迅速发展，成为科技文献中的一大门类。每份科技报告自成一册，通常载有主持单位、报告撰写者、密级、报告号、研究项目号和合同号等。按内容可分为报告书、论文、通报、札记、技术译文、备忘录、特种出版物。科技报告具有单独成册、出版日期不定、内容专深、报道迅速，多为保密、控制发行等特点。

6. 标准文献

狭义的标准文献指按规定程序制订，经公认权威机构（主管机关）批准的一整套在特定范围（领域）内必须执行的规格、规则、技术要求等规范性文献，简称标准。这些文献是按照规定的程序制定并经公认的主管部门或主管当局批准的，必须在特定范围内实施。广义上的标准文献是指与标准化工作相关的所有文献，包括标准化过程中的各种档案，宣传和推广标准和其他出版物的小册子，以及报告标准文献信息的目录和索引。它是一种具有约束力的规定性和法律性的文献。

7. 专利文献

专利文献是指记录有关发明创造信息的文献。广义的专利文献包括专利申请书、专利说明书、专利公报、专利检索工具以及与专利有关的一切资料；狭义的专利文献仅指各国（地区）专利局出版的专利说明书或发明说明书。它具有详尽、新颖、实用和报道及时等特点。

8. 学位论文

学位论文是由符合一定条件需要获得学位的人所撰写的论文。根据"中华人民共和国学位条例"，论文可分为三种类型：学士论文、硕士论文和博士论文。学士论文是大学本科毕业生需要写的学术论文，以获得学士学位和毕业资格。学士论文应反映作者在大学阶段所掌握的专业知识，利用所学知识进行综合科研的基本方法，并对研究对象有自己的独立见解；硕士论文是由硕士学位学生撰写的学术论文，它具有一定的理论深度和较高的学术水平，强调作者思想的独创性，研究成果应具有较强的实用价值和较高的科学价值；博士论文是研究生攻读博士学位的学术论文，它要求作者在博士生导师的指导下，在自身所能掌握和控制的潜在研究方向中，开辟新的研究领域。

9. 技术档案

技术档案是指科学研究和生产活动中形成的特定事物的技术文件、图纸、图表、照片和原始记录。详细内容包括使命陈述、协议、技术指标、批准文件、研究计划、项目纲要、技术措施、调查材料、设计信息、测试和过程记录等。这些材料是在进行科学研究中积累和汲取经验的重要文件。技术档案通常在内部使用，不公开发布，其中一些仅对内部开放，因此在参考文献和检索工具中很少对其引用。

10. 电子文献

电子文献也称电子出版物。电子出版物是指使用数字代码在磁光介质上存储图片、文本、声音、图像和其他信息，这些信息可由具有类似功能的计算机或设备读取和使用，以表达想法，普及知识和积累文化，并且可以复制发行的大众媒体。电子出版物的主要媒体形式有软盘、CD-ROM、CD-I、PHOTO-CD、ICCARD等，它具有存储量大，体积小，易于检索、存储和共享的特点。

（二）根据出版形式，文献可分为十种类型

根据出版形式文献可分为书籍、期刊、专利、会议文件、科学技术报告、政府出版物、学位论文、标准、产品资料以及其他文献。

1. 书籍

书籍大多是科研成果和生产技术经验的总结。它们往往是作者收集大量数据、筛选、识别和整合，并且全面总结的产物。书籍有书号，如 ISBN 0-13-165316-4，全称为国际标准书号，后面有十位数字，分为四个部分，由短水平线连接。"0"是第一段组号，即语言区号；"13"是第二段的组号和出版者的代码号；"165316"是第三段组号，也称为书序号或标题号。这里"165316"指的是第 165 317 种，因为第一种是"0"。"4"是第四段组号，也称为校验码或校验码，它的功能是检查 ISBN 后面的数字是否正确。从 2007 年 1 月 1 日起，实行新版 ISBN，由 13 位数字组成，分为 5 段，即在原来的 10 位数字前加 3 位欧洲商品编号，图书产品代码为 978，即现在我们看到的书号。

2. 科技期刊

期刊通常有一个相对稳定的编辑部门。根据办刊宗旨和编辑原则，选择一些作者的文章进行刊登。有时，也采用增刊和特辑的方式刊登某一作者的专著。期刊有期刊编号：ISSN 是国际标准期刊编号，CN 是国内标准期刊编号。

3. 专利文献

专利文献主要涉及专利局公布的申请文件和专利说明书。专利有专利号，一般用两个字母来区分国家，美国是 US，英国是 GB，法国是 FR，瑞士是 CH，加拿大是 CA，中国是 CN。

4. 科学技术报告

科学技术报告是科研工作者从事科研工作的阶段性进展和最终研究成果的报告。在所有国家中，美国拥有的科学技术报告最多，主要有 AD 报告、PB 报告、DOE 报告和 NASA 报告。每个报告对应一个号码。技术报告编码可以为组织代号，如 TID-7641，代表美国原子能委员会技术情报局的技术报告。又如，STAN-CS-82-916 是 83 年来美国斯坦福大学计算机科学系发布的报告。同样，代号也可以用来表示不同类型的科学技术报告，

如 TN 用于技术说明，TT 用于技术翻译，加密代码（如 C）用于机密报告，ARR 用于机密报告。

5. 会议文献

会议文献指的是在各种公开或非公开的学术会议上发表的文献。会议文献包含大量的最新研究动态和研究信息，是具有极高参考价值的科技文献。读者可以通过会议文献了解世界科技发展趋势、水平和最新成果。会议文献有多种出版形式：有的为单卷出版物，通常以会议名称作为出版物名称，同时以会议举办的届次为编号，定期或不定期出版，如第九届全国分析仪器研讨会论文集。其他出版形式包括期刊、书籍、科技报告、视听材料等形式。会议种类繁多，出版形式多样，命名方式复杂，文献收藏分散等众多原因共同导致会议文献不易检索。

6. 政府出版物

政府出版物以各地政府机构为著者，由政府出资或根据法律需要作为一个单独文献出版的资料。主要类型包括行政报告、统计报告、调研报告、听证录、法律法规、判词、规则条例、名录、花名册、新闻公报、地图、海图等。政府出版物处于档案馆和图书馆之间的边缘地区。政府出版物对于了解一个国家或者地区的科技、经济政策以及科研活动和科研水平，具有重要的参考意义。

7. 学位论文

大学生在毕业时通常会提交学术论文，有博士论文、硕士论文和学士论文。论文是原始研究成果，具有一定的独创性，对研究工作具有一定的参考价值。除了以书籍形式在相关期刊或单卷出版物上发表的全文或摘要外，大多数论文均不对外发行，仅供内部参考。由于论文数量的增加和质量的不均衡，很难收集和使用它们。

8. 标准文献

标准文献是标准化工作的产物。标准文献包括标准化组织发布的各种标准化期刊、书籍、手册、公告、汇编、标准和检索工具等。根据其使用范围，可分为国际标准，国家标准、专业标准或部级标准、企业标准。根据其内容，可分为基本标准、产品标准和方法标准。根据其成熟度，可分为试验标准、推荐标准和正式标准。标准文献具有严肃性、合法性、及时性和滞后性的特点。

9. 产品资料

产品资料是指由制造商发布的用于宣传产品的商业宣传材料，包括产品目录、产品样本和产品说明等。产品资料通常涉及产品的性能、结构、原理、用途、使用方法、维护、存储等技术问题。产品资料具有技术信息的价值。产品资料不仅可以作为引进技术和判断其质量和价值的主要依据，同时也可以利用它对国内外同类产品的技术发展水平及发展趋势进行调查分析。

10. 其他科技文献

其他科技文献包括科技报纸、科技图书、科技档案、科技电影和数据等。

（三）按加工深度，科技文献一般可分为三种

具体包括一次文献、二次文献和三次文献。

1. 一次文献

一次文献是根据作者自己在科学研究和生产中取得的科技成果编写和创作的原始文献，无论其载体形式和出版类型如何，其本质都属于一次文献。大多数期刊论文、科技报告、专利文献、会议文文献、学位论文等都是一次文献。文献直接记录了作者在科学研究和生产中创造发明的原始资料。一次文献是科学家和技术人员的宝贵参考资料。

2. 二次文献

二次文献是在一次文献的基础上进行处理、整理、简化和组织，以形成文献的参考书目、索引和摘要，作为检索原始文档的工具。通过对二次文献进行研究，我们可以全面、系统地找出相关文献的线索。

3. 三次文献

三次文献是对二次文献综合、分析、评论和再处理以获得一次文献的线索并合理地应用一次文献的产物。书籍、评论、手册、年鉴、百科全书、标准材料和数据库都属于三次文献。三次文献通常比较全面、系统，并且具有广泛的知识，其中一些具有检索功能以及较高的参考价值。

（四）按载体性质科技文献可划分为五种类型

1. 印刷型文献

印刷型文献是一种最传统的、同时也是最常见的文献记录形式，包括铅印、油印等各种制品。印刷的主要方式是以纸张为载体，使载有科技知识的文本信息固定在纸张上。印刷型文献符合人们的阅读习惯，可以随意进行阅读批注，但同时也具有体积大，不便于携带的缺点。

2. 缩微型文献

微缩型文献以印刷型文献为母本，基于光学摄影技术缩小文献体积并将其固化到光敏材料或其他载体上。微缩型文献可以分为一般微缩品和超级微缩品两种。一般微缩品有：微缩胶卷、微缩平片和缩微卡片，超级微缩品如计算机芯片。微缩型文献的特点是存储量大，易于携带，缺点是成本高且不便直接阅读。

3. 机读型文献

机读型文献是由计算机存储和读取的一种文献形式。它采用计算机技术和磁存储技术，

通过程序设计和编码,将文本信息转换为可由计算机识别的机器语言。电子出版物是机读型文献的典型代表。

4. 声像型文献

声像型文献又叫视听资料,是非文字形式文献。声像型文献通过声音和图象传递信息,其主要特点是传达的信息直观明确、便于理解。

5. 实物型文献

实物型也是非文字形式文献。实物型文献包括博物馆的文物、展品,档案馆中的样品等。实物型文献具有直观、真实感强的特点。

第二节 文献综述的定义及其原则与目的

文献综述反映了作者前期的论文工作准备情况以及接下来论文研究的方向正确与否,因此在进行MBA学位论文的撰写过程中,应重点关注MBA学员的文献综述部分,着重培养MBA学员独立从事学术研究的能力,尤其应培养MBA学员在学术文献资料方面的检索、收集、整理、综合利用的能力。提高MBA学员对自身研究方向的文献资料进行有效归纳总结的能力,可提高MBA学员毕业论文的质量。MBA学员在进行学位论文写作过程中务必认真完成文献综述,为后续研究奠定良好的基础。

一、文献研究与文献综述

文献研究是指在某一研究目标或学科需要的前提下,通过参考文献获取与研究问题相关的所有信息,从而全面正确地对待所研究的问题,找出问题的实质,并从中找出研究的方法。因此,学会高效的文献检索对MBA学员来说非常重要。有效的文献检索可以指导MBA学员尽快找到论文研究的相关信息,帮助MBA学员全面了解所研究方向的新成果、新思想以及重要信息,并从中找到其他所需信息。

文献综述是对文献研究后汇总的文字成果。在MBA学位论文写作中,文献综述起着非常重要的作用,它是论文的重要篇章。文献综述是文献综合评述的简称。研究者在阅读了一系列关于学科、专业或主题的文献后,通过分类、筛选、整合、分析、综合评价,进行的学术研究即为文献综述。从这个角度看,文献综述是一种高度凝练的综合性评述。根据其所涉及内容的范围,文献综述可分为两类:全面综述和专题综述。全面综述针对的是一个专门的学科对象,其主要特点是"综合"和"阐述","综合"是要求对文献和资料进行全面的分析、归纳和整理，使其更加简洁、清晰、合乎逻辑；而"阐述"则要求对综合文献进行更专业、全面、深入和系统的阐述。综述的目的是总结某一领域重要议题的历史情况、最新进展、学术观点和建议，它通常可以反映某个学科的发展水平、新趋势、新技术和新发现，存在的问题和发展趋势等。一般情况下，文献综述中只需给出全面的介绍，并客观地反映事实，而不应发布个人意见和建议，也不应发表任何评论。在此基础上，作者可以提出自己的看法，预测发展趋势。

总而言之，文献综述是指 MBA 学员在研究方向或研究主题上通过收集、整理和阅读国内外相关学术文献来确定目前该方向或主题所取得的主要研究成果、研究趋势和最新进展并进行归纳总结与分析最后给出的综合性评述。文献综述中回顾的文献应与学员研究的题目具有高度相关性。如有必要，还应对可能影响论文主要学术结论（包括重要论点、政策建议和反驳依据）的文献做出清晰准确的解释，从而确保综述结构的完整性，突出 MBA 学员综合运用学术文献的能力。

二、文献综述的原则

优秀的 MBA 学位论文文献综述可以通过系统的分析、评价和基本趋势预测为研究主题的建立提供有力的支持和论证。要撰写一篇优秀的文献综述，MBA 学员必须遵循以下原则。

首先，撰写文献综述时要尊重客观事实。尊重客观事实是文献综述的第一原则，也就是说我们不应该捏造事实或曲解文献本身的意义。对于 MBA 学员来说，他们不仅要认真对待学术和论文，还要有一定的理论水平。例如，在进行外文文献阅读时，由于语言和文化的差异，MBA 学员在处理语言差异时切记谨慎，否则将与其本身的含义相去甚远。另外，MBA 学员应该从常规渠道收集文献。当前的互联网时代，信息量巨大，良莠不齐，MBA 学员必须去伪存真、挖掘有价值的文献。

其次，MBA 学员应该多角度对研究内容进行分析并形成体系。从 MBA 学位论文写作阶段到文献研究阶段，我们经常发现许多学生从不同的角度进行文献研究，但有时得出的结论与研究内容和研究目的毫无关系。例如，以"战略管理论文"为例，对企业动态能力研究有三种不同的观点：战略理论视角、演化理论视角和组织理论视角。这就要求MBA 学员从不同的角度探索前人的研究成果，并通过总结分析使之形成一个有机的体系。

最后，MBA 学员应该对文献有一个透彻的了解。任何论文，包括 MBA 学位论文，无论研究的主题是什么，都会有一些关于这个主题的经典文献，研究人员必须对其进行仔细阅读和思考。例如，在研究"战略管理"文献时，巴尼关于企业资源和可持续竞争优势的文献，波特关于五种竞争力的讨论，普拉哈拉德关于核心竞争力和资源基础观的文献都是必须要仔细研究的。这些都是成功完成论文写作的必要条件。

三、文献综述的作用

在当今这个知识爆炸的时代，许多问题已被人们注意到，并且可能已被研究或正在被研究。如果我们无法确定其他人过去研究过的或正在研究的主题和方向，那么我们有可能是在徒劳地重复工作。而文献研究方法可以帮助我们了解相关问题的历史和现状，为我们确定研究主题提供参考方向。在确定研究主题之前，MBA学员应先查阅大量相关问题的数据，全面了解研究的历史、现状和前景，找出存在的问题或不足，然后确定自己的研究主题，以减少重复劳动，提高研究的意义和价值。

文献综述的意义在于高度凝聚数十个甚至数百个分散无序的类似文献的成果中存在的问题或争议焦点，并对其进行总结和整理，以实现系统化。在学生咨询和分析文献环节，文献综述为MBA学位论文早期阶段的撰写节省了大量宝贵时间，它旨在整合研究主题特定领域中所考虑和研究的信息，并予以系统地呈现、总结和评论权威学者在这一主题上所做的努力。

在确定论文的研究主题之前，MBA学员必须注意到以下几个问题：①前人在当前研究领域或其他领域对所选研究问题的了解有多少；②前人已经完成了哪些研究；③以前的建议和对策是否有效；④前人是否提出了新的研究方向和主题。简单来说，文献综述是一切合理研究的理论基础。

总而言之，文献综述在MBA学员学位论文中发挥着承上启下的作用，主要包括以下五个方面。

第一，MBA学员要了解前人所提出的问题，并通过阅读某一主题的文献来理解前人的观点。以"战略管理理论文献"为例，战略管理研究可分为三个阶段：经典战略管理理论阶段、战略定位阶段和战略能力理论阶段。在经典战略管理理论阶段，安德鲁斯提出了战略决策的SWOT分析框架；在战略定位阶段，波特从外界环境的角度考虑提出了企业的五力竞争模型来解释为什么不同的企业会有不同的表现；在战略能力理论阶段，普拉哈拉德从企业内部寻找企业成功的原因，提出了与波特不同的核心竞争力概念。一般来说，前人所做的相关研究都或多或少会涉及研究主题并提出一些意见和建议，为论文写作或研究提供灵感。

第二，MBA学员应该汇总分析前人已经在该研究领域解决了哪些问题。前人解决了什么问题？该问题解决到什么程度？这也是文献综述中要解决的主要问题。这部分内容在防止重复工作方面发挥了显著作用。例如，波特利用产业经济学的原理，经过严格的论证，提出了五种竞争力会影响企业的竞争地位，并阐明了这五种竞争力是如何影响企业竞争地位的。作为后续研究者，就无须再对其进行研究，只需用其来直接解释问题，从而避免重复劳动。

第三，前人如何解决已发现的这些问题。前人解决问题的思路可以作为MBA学员撰写毕业论文的参考和启示。作为后续的研究者，MBA学员可以尝试在相同或相似的背景下模仿前人的研究方法。案例研究、规范实证研究、演绎推理等是常用的解决问题的方法。

第四，当前领域还存在哪些尚未解决的问题，也是文献研究中的一个重要问题。找出以前研究人员尚未研究的问题是MBA学位论文研究的基础。同时，MBA学员应结合以往的研究思路，构思如何展开研究。

第五，探讨如何解决这些问题。在探讨前人未解决的问题时，有些问题不一定可以在时间和精力两个层面都得到解决。因此，我们需要探索目前可以解决的问题，并形成更清晰的研究思路。

在决定论文研究题目之前，必须关注的问题包括：自身研究的领域或者其他领域，对其已经了解了多少；已完成的研究有哪些；以往的建议与对策是否成功；有没有新的研究方向和议题。简言之，文献综述是一切合理研究的基础。

四、文献综述的目的

大多数MBA学员在进行毕业论文撰写的过程中并未考虑为何要进行文献综述。他们直接对短期内发现的现有文献进行简短的引用或分类，甚至选择的这些现有文献与论文研究的可行性和必要性毫无关系。事实上，文献综述的目的是为了把握当前研究领域及相关研究领域的学术前沿和现状，从而细化研究领域，找到有研究价值和研究意义的研究主题。MBA学员必须积极拓展研究文献的来源，只有这样才可能在MBA学位论文中加入研究假设和变量，从而改进研究设计，形成创新。文献综述的基本目标包括：让读者熟悉在现有领域中与当前研究主题相关的研究进展和困境；为后续研究人员未来获得更有意义和价值的研究结果提供思路和想法；解释各种理论的立场，提出不同的概念框架；作为新假设和研究概念的理论基础，以便提出研究结论和未来可研究的方向。同时，文献综述可以：解释行为；识别概念之间的先决条件，有助于理解前人如何定义和测量关键概念，用于参考和学习；对现有研究的不足进行改善和批评；进行其他研究，探索新的研究理论和方法，并验证相关的研究。

总之，研究文献不仅可以帮助MBA学员确定最终研究主题，而且可以对所要研究的问题挖掘出不同的观点，使MBA学位论文具有理论价值和创新点，最终进行有价值的研究。

第三节 文献综述写作与文献研究

一、文献综述的写作步骤

文献综述的写作步骤如下：

1. 搜集资料

文献资料是撰写文献综述的物质基础，选定综述的题材后要大量搜集和阅读有关中文和外文文献，搜集和阅读的文献越多，综述的质量就越高。选择文献时应先看近期的（如近3至5年的），后看远期的，在广泛阅读资料的基础上，深入学习几篇有代表性的文章，而且必须找到原文进行阅读，针对权威性的文章则应细读。在阅读文献过程中应做好读书笔记，为撰写综述做准备。

搜索文献资料的渠道多种多样，需要从中确定一种或几种渠道。一方面，从网络寻找文献资料，如百度、中国期刊网全文数据库、中国知网、维普资讯网、万方数据等都是经常用来搜索文献资料的渠道；另一方面，书籍、硕士、博士论文和相关管理类刊物也是一种有效的渠道。对于特定主题而言，经典刊物也是必不可少的，以研究战略管理的相关主题为例，杂志期刊类如《管理世界》《北大商业评论》《经济管理》《企业管理》《南开管理评论》《管理案例研究与评论》《战略管理》《商务战略评论》《战略管理动态》《管理评论》《哈佛商业评论》《斯隆管理评论》等，书籍类如《战略管理》《竞争战略》《竞争优势》《核心能力》《动态能力》《多元化经营》《战略联盟》《价值链管理》《企业资源论》及相关著名大学、著名管理导师指导的硕士、博士论文等。

2. 整理资料

综述不是众多文献资料的堆积，而是作者在阅读了一定数量的资料基础上，根据资料的重要程度进行细读，抓住文献主要观点和结论，对掌握的资料进行分析、综合。应先列出提纲，写出各级的标题，然后将观点相同的资料分别归入有关问题，并排好顺序。综述要如实反映原作者的观点，不能任意改动，但对引用的资料也要加以选择和取舍，不可能把搜集和阅读过的所有资料都写进去。

在没有搜集文献资料之前，就必须构思找到资料后该如何对其进行处理，这样做的目的就是为了提高资料文献的有效使用程度，做到未雨绸缪。

3. 写作与综述

根据写作提纲，逐项将内容展开，并要注意观点与内容一致。在写作过程中，可根据需要调整结构和补充内容。论述观点时，作者可有倾向性，但不同观点也应列出。初稿完成后，再进行反复修改和补充，包括内容增减、结构统一、数据核对和文字润色。综述完成前，最好请有关专家和同行审阅，力求做到主题明确、层次清楚、数据可靠、文字精练、表达准确，最后定稿完成文献综述。

二、文献资料整理

（一）查找文献资料的方法

查找文献资料常见的方法有四种：顺查法、逆查法、引文查法、综合查法。

第一，顺查法，是指按时间范围，以所检索主题研究发生的时间为检索始点，按事件发生、发展时序，由远及近、由旧到新的顺序进行查找，这样一般可以查全。查找时可以随时比较、筛选，查出的结果基本可反映事物发展的全貌。顺查法多用于范围较广泛、项目较复杂、所需文献较系统全面的研究主题以及学术文献的普查。

第二，逆查法，又称倒查法，与顺查法正好相反，是按由近及远、由新到旧的顺序查找。这种方法多用于新文献的搜集和新主题的研究，其中主要包括近3—5年的论文和专著，不太关注历史渊源和全面系统，易漏检。

第三，引文查法，又称跟踪法，是以已掌握的文献中所列的引用文献、附录的参考文献作为线索，查找有关主题的文献，其优点与缺点都比较鲜明。优点包括：文献涉及范围比较集中，获取文献资料方便迅速，并可不断扩大线索。这种回溯过程往往会找出有关研究领域中重要的、丰富的原始资料。缺点包括：查到的文献资料受原作者引用资料的局限性及主观随意性影响，往往比较杂乱，没有时代特点。因此，要注意文献的可靠性。

第四，综合查法。综合查法是指将以上几种方法综合使用查到文献的一种方法。

（二）整合文献资料

将所需要的文献资料全部搜集之后，就需要对其进行整合。整合文献资料一般有三个步骤：分类阅读、发现问题、提出问题。

（1）分类阅读是整合文献资料的第一步，也为进一步发现问题与提出问题打下基础，分类阅读并理解的程度与论文的研究质量紧密相关。一般而言，对于一大堆文献，为节省时间，研究者初次只需要精读摘要与前言，明白作者的基本观点，快速浏览全文即可。最后，将持不同视角的文章分类，再从中挑出其中著名学者的文章精读吃透。

（2）发现问题是指在分类阅读与充分理解的基础上，研究者可以发现该研究领域的一些问题，如某位学者的研究局限性与有待继续深入研究的问题，能够为论文找到切入点与创新点，是完成论文最为关键的一步。

（3）提出问题是指承接前一步骤的结果，提出前人未解决问题的原因所在；明确解决该问题的意义，并从文献中找到解决问题的可能方法，基本上形成论文的研究思路，包括研究背景、意义与研究方法。

总之，将前面的成果综合成档，就是论文的文献综述部分。一般而言，文献综述部分的篇幅占整篇论文的三分之一，是论文主体结构中非常重要的一部分，其结构前文已述，此处不再赘述。

三、研究管理类书籍

从论文研究的角度看，管理学者黄铁鹰（2006）认为：最不值得读的一类管理方面的书是说明、介绍、解释别人企业管理经验的书，如《洛克菲勒的发家史》《沃尔玛的成功》等。这些书有一个共同特点，都是企业外部人士或权威管理专家写的，因此这些人同他们书里面的主人公始终是观众和演员的关系，不论这类作者在企业中进行了多少次采访、调研，只要他们不是企业的主要决策者，也最多只是"近台看戏"。不同于此类图书，企业决策者自己撰写的著作更能把原汁原味的内涵带出来，读者也更能从他们创作的作品中感受到成功和失败的滋味。

工商管理的目的，是使公司盈利，均以公司作为研究对象，探讨怎样使组织更有效率地完成价值创造与流通。竞争对企业的引导作用不言而喻，但真正对其进行考核并进行科学表述的内容，出现在迈克尔·波特20世纪80年代初的专著《竞争优势》《竞争战略》中。波特明确说明，在竞争的前提下，一个企业要在行业中生存，要么采取低成本战略、差异化战略，要么采取集中化战略。也就是说，公司要盈利，必须保证自己的产品比别人的好，充分发挥自身的优势，除此之外，别无他法。这是工商管理学中第一次明确揭示竞争对手对于单一企业的根本约束。波特带来的启发是：怎样获得比其他竞争者更低、更少的制造与流通成本，怎样使得一个特定的企业显得和其他企业不同。另外，企业不应该只保持当前的产品和状态，为了使企业能够获得更大的盈利，还得思考与判断当前产品的生命周期、为后来的企业设置行业壁垒，同时应制定目标、追求创新并捍卫创新，甚至需要研究未来社会的发展趋势和进步方向。

由此获得的一些理念和术语，构成了绝大部分企业研究的主要对象。大部分当代管理思想史，都可以沿着这个脉络找到与之关联的知识，新的知识也可以从中寻到相应的谱系或评估定位。

因此，在进行MBA学位论文撰写时，应该尽可能地多看与自身研究方向相关的经典著作，或多看一些最新的管理类学术著作，这样可以提升文献的前瞻性和理论高度。

四、文献研究时的注意事项

在进行文献研究时,应注意以下几点:

第一,搜集文献应尽量齐全。掌握全面、大量的文献资料是写好MBA学位论文中文献综述的前提,否则,随便搜集一点资料就动手撰写是不可能写出好论文的。

第二,注意引用文献的代表性、可靠性和科学性。在搜集到的文献中可能出现雷同观点,有的文献在可靠性、科学性方面存在差异,因此,在引用文献时应注意选用代表性、可靠性和科学性较好的文献。

第三,引用文献要忠实文献内容。由于文献综述有作者自己的评论分析,因此,在撰写时应分清作者的观点和文献的内容,不能篡改或者曲解文献的内容。在评述时,特别是在批评前人的不足时,要引用原作者的原文(防止对原作者论点的误解),不要通过贬低别人来抬高自己,也不能通过二手材料来判定原作者的"错误"。

第四,要围绕主题对文献的各种观点进行比较分析,不要教科书式地将有关理论和学派观点简要地汇总或陈述一遍。

第五,文献综述在逻辑上要合理,应做到由远及近,先引用关联较远的文献,最后才是关联最密切的文献。所有提到的参考文献都应和所研究的问题直接相关。文献综述结果要说清前人研究的不足,衬托出进一步研究的必要性和理论价值。文献综述最后要有简要的总结,说明前人为该领域研究打下的基础。

第六,所引用的文献应是亲自读过的原著全文,不可只根据摘要便加以引用,更不能直接使用文献引用的内容,未见到被引用的原文往往是造成误解或曲解原意的重要原因,有时还会给综述的科学价值造成不可弥补的损失。

第七,参考文献不能省略。有的论文可以省略参考文献,但文献综述绝对不能省略参考文献,而且这部分参考文献应是文中引用过的,能反映主题的全貌并且是作者直接阅读过的文献资料。采用了文献中的观点和内容应注明来源,模型、图表、数据应注明出处,不要含糊不清。

总之,一篇好的文献综述,应有较完整的文献资料,并有评论分析,准确地反映主题内容。

第四节　文献检索的方法与工具

文献检索是指借助一定的文献检索工具和方法,从文献集合中查找用户需要的文献信息或文献信息线索的过程。文献检索工具是研究人员查找文献、数据和事实的工具。文献检索工具是根据不同的要求，用某一特定的组织方法，编成关于某一方面的知识合集。它不是"一次文献"，而是在此基础上加工形成的"二次文献"或"三次文献"。检索工具是掌握学科情报资料信息线索，查找文献的有效手段，掌握了它，就能用较短的时间检索到大量有用的文献资料和信息。

一、文献检索的方法

文献检索就是通过某种检索策略、按照检索要求，寻找特定的文献信息的过程。检索方法一般没有特别的规定，所以不同的检索者针对同一个问题可能有不同的检索方法。出现这种现象是因为每一位检索者对某一问题的了解程度、看待问题的角度不同、研究问题的方法不同、文献检索的实际经验以及对检索工具的了解程度不尽相同。再之，检索者可能使用不同的检索工具、在不同的时间使用不同的数据库，那么选择的检索方法也可能发生改变。检索方法没有优与劣之分，检索者应该根据检索目的使用合适的检索方法，还可多种检索方法混合使用。一般情况下，文献检索方法主要包括以下七种：

（一）顺查法

顺查法是指检索者按照时间先后的顺序，使用检索工具检索文献。这种方法适用于某些范围较大、内容复杂的课题的文献检索，因为顺查法能由远及近地系统查询某一课题的文献，不容易遗漏，但是该方法的缺点也显而易见，就是检索的工作量大。例如，研究者开始进行某一课题的研究时，需要了解其发展的全过程，那么就可以使用顺查法从课题开始的年代开始，逐渐向现在进行查找。

（二）倒查法

倒查法与顺查法相反，是检索者按逆向时间的顺序，使用检索工具检索文献。这种方法适用于新课题立项前的前期调研，因为倒查法是从搜寻近期文献开始，从后往前查到满足检索者的基本需要时为止。检索者使用倒查法可以最快地获取最新文献和资料，而最新的文献和资料一般不仅涵盖了前期成果，还反映了最新的研究水平和学术动向。因此，使用倒查法的工作量小，检索者可以根据最新文献很快了解某一问题的大致发展过程和最新进展，但是比较容易遗漏某些重要的具有里程碑意义的文献，在检索时需要谨慎应用。

（三）抽查法

抽查法是检索者针对某一检索课题的特点，选择相关文献信息出现频率最高的时段，使用检索工具重点检索文献。抽查法适合于检索在某一学科中有很清晰的发展阶段的、在某一领域中有很明显的研究高潮的和在某一阶段某一事物出现频率很高的课题。因为抽查法的核心是高效检索从而获取大量有效的文献，用时较少，工作量也较小，但是可能限于检索者对检索课题认知的广度和深度，遗漏一些重要文献。

（四）循环法

循环法又叫分段法，是指检索者在使用检索工具常规检索文献的同时，根据文献后所附的参考文献查找引用的文献原文追溯检索，在不同时段交替使用来检索文献。检索者先利用检索工具检索到一些文献，再根据文献末尾的参考文献和参考资料为线索检索文献原文，如此循环往复，直到满足检索者的检索要求时为止。利用这种方法能够保证所查的资料较全面、系统。

（五）排除法

排除法是指检索者根据对某一课题的认知水平，排除某些检索对象，但显而易见的是，排除法的缺点和抽查法相同，可能由于检索者对检索课题认知的广度和深度有限，遗漏一些重要文献。

（六）限定法

限定法与排除法相反，指检索者限定检索对象在某些时间段和某些空间区域的产生和存在，从而极大地缩小检索范围，高效地检索文献。限定法的缺点与排除法相同，在使用时不同检索者对课题的了解程度不同，检索结果也不尽相同。

（七）合取法

若把不同资料中涉及的所需信息记录都截取下来，汇集在一起，再经过去粗取精、去伪存真的加工就构成了一个完整的答案，这种方法叫"合取法"。

二、文献检索的策略

选择了某一种文献检索方法之后，在检索框中怎样输入信息才能缩小检索范围、精确快速地检索出研究者需要的文献呢？合理使用检索策略，能帮助研究者解决上述问题。一般来说，检索策略包含布尔检索法、截词检索法、位置检索法、字段限定检索法。

（一）布尔检索法

布尔检索（Boolean retrieval）是指利用布尔逻辑算符（Boolean operator）将检索词、

短语或者代码逻辑化连接，再由计算机进行相应的逻辑运算，以找出所需信息和资料的方法。布尔检索法使用频率最高、使用面最广，是目前最常用的一种数据库检索技术。常用的表示两个检索词之间的逻辑关系的布尔逻辑算符有三种：逻辑与（and）、逻辑或（or）和逻辑非（not）。下文分别用 A 和 B 表示两个检索对象，来说明逻辑"与"、逻辑"或"和逻辑"非"之间的逻辑关系。

1. 逻辑"与"

逻辑"与"中的"与"就是"并且"的意思，是指两个条件同时成立，即要求的检索内容同时包含 A 和 B 两个检索对象，符号用"*"或"AND"来表示，在中文中，还可以用"与"算符表示。检索式为：A AND B、A * B 或"A 与 B"（见图 4-1）。

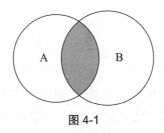

图 4-1

2. 逻辑"或"

逻辑"或"中的"或"是"或者"的意思，是指两个条件中至少有一个成立，即要求的检索内容中包含检索对象 A 或者检索对象 B，符号用"+"或"OR"表示，在中文中，还可以用"或"算符表示。检索式为：A OR B，A+B 或"A 或 B"（见图 4-2）。

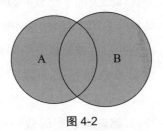

图 4-2

3. 逻辑"非"

逻辑"非"是指原本值的反值，即表示要求的检索内容中包含检索对象 A，但同时不包含检索对象 B，符号用"–"或"NOT"，在中文中，还可以用"非"算符表示。检索式为：A NOT B，A–B，或"A 非 B"。同理，"B NOT A"，"B–A"和"B 非 A"的意思表示检索内容中包含检索对象 B，同时不包含检索对象 A。这两个检索式容易混淆逻辑关系（见图 4-3）。

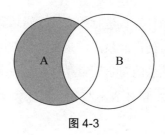

图 4-3

如果一个检索式中包含多种逻辑关系,那么必须注意检索时逻辑关系运算的先后顺序,以免检索结果不尽人意。在逻辑"与"、逻辑"或"和逻辑"非"三种逻辑关系中,逻辑"非"的优先级最高,其次是逻辑"与",最后才是逻辑"或",即优先顺序:NOT > AND > OR,如果想改变逻辑关系的运算顺序,可以将需要最先运算的部分放在括号内。

(二)截词检索法

截词检索法(Truncation Retrieval)又称模糊检索法、词干检索法。检索者在使用截词检索法时,不需要完全精确地检索,而可以使用词干加截词符号进行模糊检索,凡是包含与该词干相同关键词的文献都能够被检索出来。截词符多采用"*""$"和"?"等表示。

截词检索法的关键在于减少检索词的输入从而保证了相关检索概念,还能解决拼写方面的差异造成的漏检问题,所以截词检索法主要在检索外文文献中经常使用。在西文检索系统中使用截词检索法可以显著地提升查全率,解决如美式英语和英式英语拼写不一致,单复数形式不一致等原因造成的漏检问题。

截词检索法分类形式很多,按照截断的字符数量可分为:有限截断和无限截断。

(1)有限截断,是指明确指出具体截去的字符数的截词检索。

(2)无限截断,是指不指明具体截去的字符数的截词检索。

而按截断的位置可区分为:后截断、前截断以及中间截断。

截断常使用截断符号,各检索系统所使用的截断符号有所不同,常用的符号有"?""$""#"以及"*"。以下举例中用"?"来表示有限截断,用"*"表示无限截断。值得注意的是,在不同的数据库中设定的截词符可能不一致,所以检索者在使用截词检索法时应该先在该数据库的帮助中查询其设定的截词符,否则检索结果可能会出错。

1. 后截断

后截断,是指将截词符全部放在词干后方,而词干前方完全一致的截断方法。后截断适用于检索时词的单复数有变化、作者名称模糊、年代不明确、有同根词等情况。后截断又分为词尾的有限截断和词尾的无限截断两种情况。

词尾的有限截断是指指定的字符串后可能会发生变化时,则在该字符串后使用一个

"？"、一个空格、再加一个"？"，这种方法常常用来表示检索词的单复数变化。例如，使用 music？（空格）？可以查出包含"music"或者"musics"的文献。如果该字符串后可能变化两个及两个以上字符时，则可以在该字符串后连续使用一定数量的"？"来表示可能变化的字符。例如，"？？"表示指定的字符串后有两个字符发生变化，"？？？"表示指定的字符串后有三个字符发生变化，以此类推。

词尾的无限截断是指在指定的字符串后无论多少个字符发生变化，都只在该字符串后添加一个"？"。使用这种方法可以检索出含有指定字符串的所有检索词的文献。例如，使用 music？可以查出包含"musics、musical、musicals、musician、musicale、musicality、musicalize、musicianship、musicology、musicological"等关键词的文献。

2. 前截断

前截断，是指将截词符全部放在词干前方，而词干后方完全一致的截断方法。前截断法适用在检索包含较多复合词的文献时使用，也可以在检索一个学科不同领域的应用时使用，但是拥有此功能的检索系统不太常见。例如，使用"*music"可以检索出包含"antimusic"等关键词的文献。而且前截断和后截断还可以组合使用，如使用"*music*"可以检索出包含"unmusical、extramusical"等关键词的文献。

3. 中间截断

中间截断，是指将截词全部放在检索词的中间，而检索词的前后方完全一致。中间截断又称"内嵌字符截断"或"通用字符法"，这种方法能够完美解决因为某一单词在英式英语和美式英语中书写不同或者某一单词的单复数在某个位置元音不同而导致的漏检问题。例如，使用"wom？n"可以检索出包含"woman"和"women"的文献；使用"管理*应用"可以检索出包含"管理学的应用、管理理论的应用"等关键词的文献。

（三）位置检索法

位置检索法是指检索者使用位置算符（proximation operator）检索文献的方法。位置算符表示连接的两个检索词的位置关系的符号，常用的有（W）、（nW）、（N）、（nN）、（F）和（S）等。

1.（W）与（nW）算符

W 是 with 的缩写。（W）表示连接的两个检索词必须按照顺序出现，中间不允许插词，只能出现空格、标点和符号。例如，使用"mini(W)bus"可以检索出的关键词可能是"minibus、minibus"或者"mini-bus"。而（nW）和（W）相似，不同之处在于（nW）允许在连接的两个检索词中插词，插词量小于或等于 n 个。

2. (N) 与 (nN) 算符

N 是 "near" 的缩写。(N) 表示连接的两个检索词出现的顺序可以互换，但是中间不允许插词。例如，使用 "computer（N）connecting" 可以检索出的关键词可能是 "computerconnecting" 和 "connecting computer"。而 (nN) 和 (N) 相似，不同之处在于 (nN) 允许在连接的两个检索词中插词，插词量小于或等于 n 个。

3. (F) 算符

F 是 "field" 的缩写。(F) 表示连接的两个检索词必须出现在同一字段中。

4. (S) 算符

S 是 "subfield" 的缩写。(S) 表示连接的两个检索词必须出现在同一子字段中。

显而易见，相同的关键词使用不同的算符会构造出不同的检索式，自然而然检索结果也会不同，即不同的检索策略将会得到不同的检索结果。使用关系较紧的算符检索相同的关键词得到的检索结果一定比使用关系较松的算符检索得到的检索结果少。

（四）字段限定检索法

字段限定检索（field limiting retrieval）是指检索者使用字段代码限定关键词在数据库中出现位置，大幅度提升检索效果的检索方法。一般来说，常用的检索字段代码有：TI（题名）、AU（作者）、AB（文摘）、DE（主题词）、KY（关键词）、DT（文献类型）、JN（刊名）、PY（年代）、LA（语种）、CS（机构名称）、FT（全文）、ISBN（国际标准书号）、ISSN（国际标准连续出版物号）等。

三、文献检索的步骤

文献检索不是纸上谈兵，在熟悉了文献检索的基本方法之后，就需要将其应用到实践中。并且在实践中，检索者还应该持续地思考，逐步发现探索并掌握满足不同检索目的的检索规律，在实践中改进优化检索策略，从而获得所需的文献资料。一般来说，文献检索可分为以下六个步骤：

（一）分析检索课题

以查找有关管理的文献为例，检索者必须首先思考是需要所有的"管理"文献，还是只需要有关"管理理论""管理方法""管理制度"等中某一特定方面的文献；其次，要思考是只需要有关"管理"的最新进展，还是要和他人的研究进行比较。如果需要掌握某一学科的相关知识，可以选择相关图书；如果需要撰写开题报告或相关论文，则可以选择学位论文、期刊论文和会议文献等资料。

（二）选择检索系统

目前，为满足众多研究者的检索需求，存在多种多样的检索系统。如何根据学科范围、系统类型和系统功能，选择满足特定检索目的的检索系统并且高效而便捷地找到自己所需的文献资料是检索者需要考虑的重点。

1. 学科范围

检索者在检索相关文献时，不应该局限于某一学科，可以根据情况适当扩大检索系统的学科范围，特别是检索者在研究新兴学科、交叉学科、应用研究、综合研究的时候。"他山之石，可以攻玉"，扩大检索系统的学科范围可能会有意外的收获。

2. 系统类型

检索者可根据不同检索目的，选择不同的文献类型系统。文献检索系统按照文献存储与检索所采用的设备和手段可划分为手工信息检索系统和计算机信息检索系统；按揭示信息内容的程度，可划分为书目、题录、文摘、全文数据库。

3. 系统功能

检索者应首先选择使用分类语言的检索系统，其次再选择使用自然语言的检索系统，并且优先选择专业检索系统而不是选择一般的搜索引擎。如果某一种检索系统包含多种检索方式，收录文献质量高，收录文献的时间跨度较长，收录文献语种范围广，甚至附加个性化服务，那么这种检索系统就是检索者的首选。

（三）确定检索词

在确定了检索课题、选择了检索系统之后，就需要从检索课题中确定合适的检索词，来进行检索的下一步。因为检索词是否精确关系到检索结果的数量和质量，所以这一步至关重要。一般来说，确定检索词有切分、删除、替补、组合和增加五种方法。

1. 切分

切分是指对选定的课题进行自由词拆分，将其转换为能够检索的最小单元。自由词是指直接可用的自然语言中的词或词组。例如，检索"工作满意度与员工绩效的关系研究"相关的文献。可以直接将该课题切分为"工作满意度""与""员工绩效""的""关系""研究"。值得注意的是，切分时不能只追求切分成最小单元，而导致切分后关键词失去原来的意思或者变得意思不明确，这样会直接导致检索结果不准确，所以必须注意保持关键词意义的完整，例子中的"工作满意度"和"员工绩效"就不应该再切分。

2. 删除

删除是指对删除选定的课题中的虚词，包括"介词、副词、连词"等不具有实质性检索意义的词或使用频率过低的词，以及意思过于宽泛的词，过分具体的限定词、禁用词，存在蕴含关系可以合并的词，甚至不能表达课题实质的高频词。例如，"工作满意度与员工绩效的关系研究"中的"与""的""关系"和"研究"就可以删除。

3. 替补

替补是指在对选定的课题进行切分、删除之后，对检索词进行替换和补充，这样可以增加检索成果的数量，减少由于相同意思不同表达造成的漏检问题。例如，"公交"可以替换为"公共交通"，"煤气"可以考虑替换为"一氧化碳"等专业术语。

4. 组合

组合是指对选定的课题中的概念进行规律性组合，扩大或者缩小检索范围的方式。组合包括概念相交组合、概念限定组合、概念删除组合和概念并列组合四种方式。通过前三种组合方式得到的新概念，都在原来的基础上缩小了检索范围，提高了概念的专业指代程度，提高检准率。而最后一种组合方式是将自由词进行并列，扩大了概念检索的范围。

5. 增加

增加是指根据切分出来的自由词增加"限义词"。增加"限义词"的方法有两种，第一种是直接增加限义词或者提取潜在的检索词，第二种是以逻辑的方式加入"限义词"，一般使用逻辑"与"或逻辑"非"。

综上所述，确定检索词首先是针对选定的课题进行切分和删除，得到了有具体意义的自由词，其次再对自由词进行替补、组合和增加。

（四）构造检索式

构造检索式是指使用各种布尔逻辑算符、截词符、位置算符和字段限定算符以及系统规定的其他连接符号，将确定了的检索词进行组合，来确定检索词的概念关系或者位置关系。

（五）调整检索策略

检索策略（search strategy）是指为实现检索目的，完成课题检索所制订的检索方案。检索策略的制定就是不断完善构造检索式的过程，检索者使用最初的检索式进行试验性检索，根据检索结果不断调整、完善检索式，以提高检索效率和准确性，最后使用调整后的检索式进行正式检索，但是检索者在试验检索时可能会出现以下几种情况：

1. 检索结果信息量过多

出现检索结果信息量过多的原因一般包括：①选用了包含多种含义的检索词；②输入的检索词太少，导致检索范围太大；③使用的截词截得过短；④在应该使用逻辑"与"的情况下使用了逻辑"或"；⑤使用了错误的运算符。在这种情况下，需要缩小检索范围，常用方法有以下几种：

(1) 使用专有词汇，减少同义词和相关性不强的检索词；
(2) 增加限定条件，使用逻辑"与"连接检索词进行检索；
(3) 使用字段限定，在题目、主题词等主要字段中限定检索词；
(4) 缩短检索年限，限制检索结果的文献类型、语种及出版国；
(5) 使用逻辑"非"，排除一些无关概念；
(6) 调整位置算符，将检索词之间的位置关系由松变紧；
(7) 不使用模糊检索而使用精确检索。

2. 检索结果信息量太少

出现检索结果信息量过少的原因一般包括：①检索词出现了拼写错误；②没有考虑到一些重要的同义词或隐含概念；③检索词过于具体，限制了检索范围；④使用过多的逻辑"与"算符；⑤没有使用截词算符。在这种情况下，需要扩大检索范围，常用方法有以下几种：

(1) 扩展关键的检索词，增加同义词和相关词并用逻辑"或"算符连接这些词；
(2) 降低检索词的专业指代程度，可以选择将泛指词增加到检索式中；
(3) 减少对文献类型、年限、语种和出版国的检索限制；
(4) 删除一些字段限制符、位置算符，或者使用限制程度较小的位置算符；
(5) 在词干后使用截词符；
(6) 不使用精确检索而使用模糊检索；
(7) 在使用拼写正确的词检索的时候，同时也可将拼写错误的词或存在各种普遍错别字的词作为检索词。

（六）输出检索结果

检索者在检索完成后，可以选择检索结果，一般可以选择文献全文或者文摘两种形式。对得到的文献检索结果，可以根据自身需要选择合适和有价值的文献进行阅读和学习。

四、文献检索的工具

（一）文献检索工具的定义与基本职能

文献检索工具是指人们用来存储、检索和报道浏览文献的工具。一般说来，检索工具具有明确的收录范围；提供多种必要的包含索引部分的检索途径，会标识有完整明了的文献特征；按照一定规则组织汇编等特点。

根据文献检索工具的定义，我们不难发现，文献检索工具有三大基本职能，即存储职能、检索职能、报道和浏览职能。

1. 存储职能

存储职能是指把所有有关文献的外部特征和内容特征记录在册，并按照规定的格式把这些特征按照特定的需求组成文献线索，然后选择著者、主题词或其他特征项作为标识，将这些文献线索系统地排列编纂，形成了文献的检索工具。

2. 检索职能

检索职能是指利用检索工具按照检索目的检索相关文献的过程。具体过程先是读者对自己所需的文献进行分析，确定一个外部特征或内容特征作为标识（如著者或主题词），再在检索工具中查到对应标识及其相应文献线索的页码，然后在对应的页码中检索到相应的文献线索，阅读并分析各条线索，决定取舍。若需要，根据线索便可进一步获取所需文献实体。

3. 报道和浏览职能

报道和浏览职能是指文件检索工具使用简洁的文字报道大量的文献，检索者可以根据其揭示文献的外部特征和内容特征来进行快速浏览，从而了解某学科的历史、现状、未来发展趋势。

（二）文献检索工具的形成

形成文件检索工具首先需要浓缩文献，即分析一次文献的主题，在把握一次文献的主题后，按照一定的标准或规则，有序地形成文献条目。文献浓缩之后，再标引文献，即通过分类法或主题词表将一次文献中的检索特征，从自然语言转换成检索语言，作为存储和检索的标识。最后，将经过浓缩和标引步骤而形成的文献条目和检索标识，按照学科范围、主题范围和特定的规则汇编在一起，就形成了文献检索工具。由此可见，文献检索工具是在一次文献的基础上进行加工形成的二次文献。

（三）文献检索工具的作用

文献检索工具对图书馆和研究者来说，意义非凡。随着科学技术的快速发展，科技文献的数量和种类急剧攀升，科技文献使用的语种范围也不断扩大，知识更新速度快、迭代频繁，淘汰现象严重。加之，同一个专题范围内的文献经常收录在几种不同专业刊物中，这些都加大了文献检索的难度。

研究者要从浩如烟海、文种多样、类型复杂、迭代频繁、出版分散的科技文献中，高效而准确地获得研究所需要的资料，就必须使用到文献检索工具。

文献检索工具把有关文献的特征著录下来，并将其科学地组织起来，使之有序化，指明文献的存在，为寻检文献提供线索。文献检索工具是收集、整理、加工和报道一次文献的二次文献，有的还能摘述一次文献的内容，比较其情报价值。因此，它不仅是文献检索时不可或缺的工具，也是研究者学习研究的利器，因为研究者能通过文件检索工具迅速、准确而全面地找到所需文献。在编制文献检索工具时，应尽可能地使收录的材料广泛、全面，具有一定的参考价值，要做到编制迅速，报道及时、细致、系统。

（四）文献检索工具的结构

文献检索工具的结构是指其内容安排的框架层次。它的形式多样，不同类型的工具结构有所差异，但主要框架基本趋于一致。一般主要有以下内容：

（1）前言，也称"序言"或"序"，往往用概括的语言说明编辑的过程、目的、使用对象、辑录材料的范围、时限等。

（2）凡例，也称例言或使用说明，主要介绍该书的编排体例、排检方法和使用方法等。

（3）目次或检词表，它们是利用检索工具的入门钥匙。

（4）正文，它是文献检索工具的主体，是我们查阅的具体对象，由著录款目组成，最基本款目包含文献名、著者等。

（5）辅助索引，它是为了提供多途径检索方法而编制的别于正文检索方法的索引。

（五）检索工具的类型

检索工具的类型一般按照编著方式划分为：目录型、索引型、文摘型等。

1. 目录型检索工具

目录型检索工具涵盖的范围比较广阔，大致分为馆藏目录、专题文献目录和联合目录。

（1）馆藏目录是指图书馆或者情报部门将收藏的书刊和文献资料，按类编制成目录，并且附有文献检索号，所以使用馆藏目录来查询、借阅和复制书刊文献十分方便。

（2）专题文献目录是指关于某一特定学科或某一特定专题的文献。专题文献目录虽然限定了收录范围，但是不限定收录的文献类型，所以收录的文献资料多种多样，一般包含相关图书、专利和论文等资料，而且比较全面系统。

（3）联合目录是指将多个图书馆或收藏单位所收藏的文献资料汇总编制而成的目录。联合目录包含了分散在各处的文献和藏书的信息，方便读者从多个图书馆的收藏资料中查到自己所需要的文献资料，避免查阅各个图书馆的馆藏目录，减轻了读者的负担。

2. 索引型检索工具

索引型检索工具是指将书籍、期刊中所刊登文献的题目、作者、主题、专业术语和参考文献等文献的外部特征，根据特定的需要一一摘录，注明其所在书刊中的页码，并按照一定的顺序排列的检索工具。索引型检索工具反映的是某一种图书或者杂志里的某个观点、某一部分或者某一个知识单元。不像目录型文献检索工具反映的仅仅是完整出版物的名称，索引型文献检索工具包含的文献内容比目录型文献检索工具更细致也更深入。由此可见，在查找某一特定的文献或事实数据时，索引型文献检索工具可以通过提供多种检索途径，揭示一些容易被人们忽视的内容，来反映事物之间的联系，让读者了解某一学科或某一领域的全面文献信息。

3. 文摘型文献检索工具

文摘型文献检索工具是指系统报导、大量积累和检索科技文献的工具，是二次文献的核心。文摘型文献检索工具用精辟的语言把某一特定学科或某一特定专业的重要文献精练成为摘要，让研究者在较短的时间内花费较少的精力就能掌握相关研究的基本内容和研究现状，了解本专业的最新发展水平和研究动态，避免研究者重复劳动浪费研究资源。文摘型文献检索工具的辅助索引是研究者使用这类检索工具的利器。一般而言，比较系统完整的文献检索工具都包含总索引，而总索引又分为主题索引和著者索引。由此可见，文摘型检索工具主要描述文献的内容特征，重点在于揭示文献的深度和检索文献的功能。文摘型检索工具甚至可以在原文找不到的情况下替代原文。加之，它将文献精练成了文摘，使用通俗易懂的文字涵盖文献中晦涩难懂的部分，帮助读者克服语言上的障碍，是研究者们撰写评述文献（三次文献）的利器。

4. 文献指南和书目之书目型检索工具

文献指南和书目之书目主要介绍某一学科的重要期刊和其他一级文献，介绍和这些文献相关的各种检索工具和一些重要的参考书目，文献检索的基本方法以及利用图书馆的一般方法。

值得注意的是，检索工具中有的虽然名称表示是目录，但是实际上则是篇名索引。有的虽然名称表示是索引，但是实际上则是文摘。例如，美国的《工程索引》（EI），名称表示是索引，却是简介性文摘。

检索工具的类型还可以按出版形式划分为书本式检索工具、卡片式检索工具、胶卷式检索工具和机读式检索工具。

1. 书本式检索工具

书本式检索工具是一种最基本、最常见的传统检索工具，通常可以一次编成印刷分发，体积小而易携带，不受制于时间和空间，便于馆际互借，还可以长久保存，实用价值较高。但是这种检索工具具有较长的出版周期，因为知识更新速度快，所以不能随时反映最新研究成果，落后于实际发展，并且书本式检索工具印刷成册，那么过时的研究成果不便从该种工具中剔除。

书本式检索工具又可细分为期刊式、单卷书本式和附录式三种类型。

（1）期刊式检索工具是按年、卷、期等方式定期并且连续出版的刊物。期刊式检索工具可以及时且连续地报导原始文献，部分揭示文献内容特征，大致上与科技文献保持并行发表，对研究者及时掌握目前的科技文献最新情况或者追溯早期文献都十分有帮助。每个国家都会发行这种检索工具，如英国的《科学文摘》、日本的《科学技术文献速报》和美国的《工程索引》《化学文摘》等，都是影响范围大、使用面积广的著名的世界性刊物。而中国从 1956 年开始编译部分国外的著名刊物，以期建立和完善自主编撰这类检索工具的框架和体系。

（2）单卷书本式检索工具一般根据某一特定的主题，收集和报导某一特定时间范围和某一地区范围的相关专题文献，以图书的形式发行书刊。这就是常见的专题文摘、专题索引和专题题录等书本式检索工具书。单卷书本式检索工具一般收录专业性很强的文献，编排科学合理，收录文献时间久远，收录的地区范围广泛，收录的文献内容也系统全面。这种检索工具在研究者研究专业性很强的课题时是不可或缺的。

（3）附录式检索工具一般不会单独发行，常常以参考文献的形式附在图书或者论文后，而这些附录的文献是经过精心挑选，实用价值大，所以附录式检索工具是研究者编撰书籍、撰写文章时的重要参考资料。

2. 卡片式检索工具

卡片式检索工具主要在编印形式上区别于书刊式检索工具。卡片式检索工具是编制者按自己的检索需要，将重点内容摘录在卡片上，然后按照分类号、文献序号和主题词等标识排列成套。卡片式检索工具可以根据不同的需要排列成不同的组合，使用灵活方便，可以随时编辑、随时排序、随时使用，其缺点是体积大、成本高，不便于流通和保存。这种工具现在基本被淘汰了。

3. 胶卷式检索工具

胶卷式检索工具是使用缩微胶卷编制的一种检索工具。胶卷式检索工具和传统的检索工具相比，不同之处在于其使用体积小的缩微胶卷为载体，可以减小占用空间，编印速度快、发行广泛，保存时间长，缺点是不能随时增减，阅读时需要专用阅读器，使用不方便。

4. 机读式检索工具

机读式检索工具是一种电子计算机检索系统使用的文献存储的载体形式，是随着计算机在图书馆广泛应用而发展起来的检索工具，其原理是通过程序设计，将文献资料转换成机器语言，从而存储在计算机上。机读式检索工具不仅检索速度快而且体积小、容量大还可长期保存，但使用时必须要借助于电子计算机。

五、文献数据库

随着计算机和互联网的高速发展，传统的文献检索工具的更新速度不能及时地跟上知识爆炸式增长速度，再加上电子硬件的科技化，使用互联网上的文献数据库检索文献成为常态。

（一）常见中文数据库

1. 中国知网（CNKI）

中国知网是由清华大学清华同方发起的以实现全社会知识资源传播共享与增值利用为目标的信息化建设项目。该项目始建于1999年6月，经过多年努力，建成了世界上中文全文信息量最大的具有国际领先水平的数字图书馆，并建立了中国知识资源总库和CNKI网络资源共享平台，为全社会知识传播与共享提供了全面丰富的信息资源和有效的数字化学习平台。

中国知网是能提供CNKI源数据库、农业类、外文类、经济类、工业类、医药卫生类和教育类多种数据库的大型综合性数据库。其中，综合性数据库包含中国学术期刊全文数据库、中国重要报纸全文数据库、中国重要会议论文全文数据库、中国博士学位论文数据库和中国优秀硕士学位论文全文数据库。每个数据库都提供初级检索、高级检索和专业检索三种检索功能。高级检索功能最为常用。

（1）中国学术期刊全文数据库。中国学术期刊全文数据库是目前世界上最大的持续动态更新的中国期刊全文数据库，收录国内1979年至今的8 200多种包含自然科学、医学、哲学、工程技术、农业和人文社会科学等各个领域的重要期刊，同时收录部分大众科普、基础教育、文艺作品和大众文化类刊物，内容覆盖十分全面。

（2）中国重要报纸全文数据库。中国重要报纸全文数据库收录了我国2000年以来的重要报纸刊载的资料性、学术性文献，并且保持持续的动态更新。

（3）中国重要会议论文全文数据库。中国重要会议论文全文数据库收录了我国2000年以来国家二级以上学会、协会、学术机构、科研院所和高等院校等单位的论文集，每年更新约10万篇论文。部分社科类会议论文回溯至2000年前。

（4）中国博士学位论文数据库。中国博士学位论文全文数据库是中国内容最全、质量最高、出版周期最短、数据最规范、最实用的博士学位论文全文数据库，收录了从1984年至今的全国"985""211"工程等重点高校和中国科学院、社会科学院等研究院所的博士学位论文，覆盖基础科学、工程技术、农业、医学、哲学、人文、社会科学等各个领域。

（5）中国优秀硕士学位论文全文数据库。中国优秀硕士学位论文全文数据库是国内相关资源最完备、高质量、连续动态更新的中国优秀硕士学位论文全文的数据库，收录了从1984年至今的全国"985""211"工程高校和中国科学院、社会科学院等重点院校的优秀硕士论文，还包括重要特色学科，如中医药、军事学和通信等专业的优秀硕士论文。

2. 万方数据库

万方数据库是由万方数据公司开发的综合性数据库。该数据库从建立以来，已相继推出了四大类13个系列的科技和工商类数据库，总记录超过600万条，是涵盖论文、期刊、学术成果、会议纪要和会议论文多种文献形式，集纳了理、工、农、医、人文五大类 70 多个类目共 7 600 种科技类期刊全文的大型网络数据库。

3. 维普中文科技期刊数据库

中文科技期刊数据库于 1989 年创建，包含了 1989 年至今刊载的 1 500 余万篇文献，并且涵盖了农业、工程技术、社会科学、自然科学、经济、教育、图书情报和医药卫生学科的近 9 000 种中文期刊数据资源。按照《中国图书馆分类法》进行分类，所有文献被分为农业科学、工程技术、社会科学、自然科学、经济管理、图书情报、医药卫生和教育科学八个大类。

（二）常见外文数据库

1. 美国《工程索引》（The Engineering Index，EI）

EI 创刊于 1884 年，是由美国工程情报公司（Engineering Information Inc.）编辑出版的世界上著名的、大型的、综合性工程技术类的检索工具，也是工程技术人员使用最多的一种检索性工具。该索引综合性强，涉及面广，但 EI 收录的文摘类型主要以期刊论文和会议文献为主，其他类型的文献所占比例较小。

2. 英国《科学文摘》（Science Abstracts，SA）

SA 创刊于 1898 年，该文摘目前是由英国电气工程师学会（Institute of Electrical and Engineers，IEE）编辑出版。《科学文摘》是查找有关物理学、电气工程与电子学、计算机与控制方面情报的重要检索工具。它收录的文献类型主要有图书、学位论文、期刊论文、技术报告和会议文献等，其中会议文献、期刊论文和技术报告均以英美两国为主，而图书则以英国的为主。

3. 日本《科学技术文献速报》（简称《速报》）

《速报》创刊于 1958 年，由日本科学技术情报中心（JICST）编辑出版，是目前国外三大综合性文摘杂志之一。《速报》共收录世界 54 个国家、20 多种语言出版的 10 000 多种文献资料。另外，它还收录了以美国政府报告为主的各种技术报告和会议资料等世界重要文献。

4. 美国《科学引文索引》（Science Citation Index，SCI）

SCI 创刊于 1957 年，是由美国费城科学情报所编辑出版的。SCI 编辑独特、综合性强、涉及面广，通过计算论文的被引用频次，对科研成果和学术期刊进行多方位的评价研究，从而评价一个国家或地区、科研单位、个人的科研产出绩效，来反映其学术水平，是目前国际上被公认的最具权威的科技文献检索工具。

(三) 文献数据库检索方式

使用文献数据库检索文献时首先需要选择使用的文献数据库，然后选择检索方式，最后进行检索。选择文献数据库时，可以选择多个数据库进行跨库检索，也可以直接点击某个特定的数据库进行单库检索。一般来说，文献数据库的检索方式有初级检索、高级检索和专业检索三种检索方式。

1. 初级检索

初级检索是指在一个或几个检索框内进行检索。在同一检索框内，检索字段之间的逻辑关系是逻辑"或"的关系，而在不同检索框之间是逻辑"与"的关系。初级检索可以对检索的学科范围、时间范围、检索词命中方式（是"精确检索"还是"模糊检索"）等条件进行限定，检索结果按照时间、相关度的方式排序，并且支持在检索结果中进行二次检索。

2. 高级检索

高级检索是指在所有的字段中构建布尔检索式来进行检索的方法。高级检索可以对检索的学科范围、选择的数据库、关键词在特定字段中出现频率、检索词命中方式（是"精确检索"还是"模糊检索"）等条件进行限定，检索结果按照时间、相关度的方式排序。

3. 专业检索

专业检索是指使用命令方式构建检索表达式来进行检索。这种检索方式适合于专业检索人员使用，因为需要在命令行中合理地使用检索字段和检索运算符输入检索策略，这种检索方法对于不经常使用检索方法的人来说过于陌生。例如，"作者 = 张三 and 中文刊名 = 管理世界"，即表示要检索作者为张三、期刊名为"管理世界"的文献。

检索完成后，可以浏览检索出来的题录、文摘和全文。如果觉得检索成果信息太多，还可在检索结果中进行二次检索，缩小检索范围，提高检索成果的相关性。一般而言，文献数据库可以提供检索成果的各种相关链接，包括但不限于相关文献作者链接、相关评论链接、同类文献题录链接和相关研究机构链接等，还可保存和打印检索结果或者通过邮件发送至用户的邮箱。

本章要点

本章介绍了文献、文献研究、文献综述写作和文献检索四个方面的内容。首先，介绍了文献检索的类型，主要包括图书、期刊、专利、会议文献、科技报告、政府出版物、学位论文、标准和产品资料等类型。其次，介绍了文献研究的作用与目的，阐述了文献研究的重要性。再次，介绍了撰写文献综述的步骤和注意事项。最后，介绍了文献检索的方法、步骤及工具，以及常见的文献数据库。

思考练习

1. 按文献的媒体形式划分,文献一共可以划分为哪几类?
2. 文献综述在 MBA 学员学位论文中的作用是什么?
3. 文献综述的写作步骤有哪些?
4. 简述文献检索的基本方法。

第五章 MBA学位论文的研究方法及研究设计

研究方法和研究设计是开展研究的基础和关键。确定选用哪一种研究方法以及怎么推进研究是科学研究和论文写作的重要环节。那么，MBA学位论文的研究方法有哪几种？每一种研究方法的研究步骤是什么？如何选择适合主题的研究方法？本章介绍了案例研究法、企业诊断法、调查研究法三种研究方法及其步骤，以探讨如何使用这三种方法进行研究。

第一节 案例研究法

一、案例研究法的定义

许多学者都定义过案例研究法,但却没有一个统一的说法,其中最有代表性的是阿德尔曼(Adelman)对案例研究法的定义:案例研究法是指对一组研究同一事件的研究方法的笼统概念,是定性方法的一部分,并且是一种实证研究。它在不偏离实际的生活环境的基础上研究当时正在发生的一些现象,但是研究现象与其所处情况之间的界限很模糊。案例研究不仅是一种数据和资料收集的方法,而且起到了研究设计的作用,是一种比较全面且完整的研究方法。

二、案例研究法的优点与存在的问题

上文提到,案例研究法是一种比较全面且完整的研究方法,它相比于其他研究方法有许多优点。艾森哈特(1989)将案例研究法与其他类型的研究方法相比较,提炼出案例研究法的三个优点:

(1)案例研究法有助于研究者创造出新理论。在研究案例的过程中,研究者没有条条框框的束缚,可能对研究中实际获得的大量数据和资料保持一种更开放的心态,从而忽略案例中的数据和资料与现有文献出现的矛盾,创造出新的理论。

(2)使用案例研究法,研究者可以通过容易证伪的假说和方便实用的测量工具来检验理论假设。原因是在研究案例的过程中,已经在测量有关工具,而在理论创建的过程中也在反复检验有关假说。

(3)使用案例研究法得出的结论更具有实效性,因为得到的结论直接来源于实际的经验证据,更能客观地反映现实。

因此,艾森哈特得出结论,在完全不了解所研究的问题或者试图从一个全新角度研究问题的时候,研究者非常适合使用案例研究法。

然而，一些学者并不认为案例研究是一种社会科学研究中可以接受的研究方法。他们认为案例研究缺乏学术上的严谨性，而且其结果不具有通用性。案例研究的缺点和问题体现在以下三点：

（1）研究人员在界定研究问题主题的边界方面存在困难。例如，特定组织的财务会计实务将随着组织的发展而演变，案例研究人员应该往前追溯多久是难以确定的。

（2）研究人员的客观性。这个难点源于所研究的社会现象的本质，社会系统不是自然现象，它们无法以独立于人类的方式被理解，研究人员也不能被认为是中性的独立观察者。研究人员必须描述现实社会，案例研究就是对社会现实描述的代表，若不存在"客观"的案例研究，就会导致研究人员进行案例研究时出现偏差。

（3）研究人员和其研究对象存在一定的道德问题。例如，许多财务会计的案例研究都需要深入组织内部并获得商业秘密信息。只有在保密性得到确认以后，研究人员才可以得到上述权利。如果研究对象确信他们所披露的信息将以保密的形式进行处理，他们在与研究人员打交道时将会更放得开。这就对案例报告的撰写提出了要求，比如有必要隐去研究对象的身份。

三、案例研究方法的适用范围

研究者在决定使用哪一种研究方法时，需要认真思考三个问题：第一个问题是，此项研究需要回答什么类型的问题，是回答是什么、为什么、怎么样、什么人、什么事、在哪里和有多少等问题中的一类问题还是好几类问题；第二个问题是，研究者在研究时，是否需要对研究对象及事件进行控制；第三个问题是，此项研究的焦点是否集中在当前问题上，还是集中在过去发生的事上。

认真思考上述三个问题之后，需要根据不同的研究适用条件，选择合适的研究方法。而案例研究方法适用于研究的焦点集中于当前的现实问题，研究"为什么"或者"怎么样"的问题时，并且不需要研究者对事件进行干预和控制，应任其自由发展。

四、案例研究的类型

案例研究可以按照研究任务的不同分为描述性案例研究、解释性案例研究和探索性案例研究。

（一）描述性案例研究

描述性案例研究是指通过大量描述性的素材，详尽地描述案例的细节和脉络，从而得出有用的结论,是通过对一个事物或者一个团体组织的焦点事件和生命历程的深度描述,以实际经验来提出观点假设并验证。

(二)解释性案例研究

解释性案例研究的焦点常常集中于一些特定的案例,试图去分析和解释出现这一案例的原因和事物之间的因果关系。得出的理论被用来理解和解释特定的案例,而不具有通用性。如果该理论可以使研究者对实际的案例提出令人信服的解释,那么该理论就是有效的。如果该理论不能解释特定案例产生的原因,那么就需要对该理论进行修改和完善或者创造新的理论,然后应用于其他案例研究中。它的研究目标是产生能够为案例提供良好解释的理论。

(三)探索性案例研究

探究性案例研究是指是在研究者还没有确定研究问题、没有提出研究假设的时候,到案例现场进行观察,了解情况、收集数据和相关资料,再通过敏锐的直觉来确定研究问题,并提出理论假设。

五、案例研究的过程

一个完整的案例研究过程一般包括研究设计、数据收集以及资料分析、报告撰写三个阶段。

(一)研究设计

研究设计是指设计如何进行案例研究,这意味着把案例研究的初始问题、需要收集的信息和可能得出的结论三者相互联系。一般而言,案例研究的研究设计包括五个部分:首先是确定案例研究的问题,其次是提出研究的假设,再次需要明确界定该案例的分析单位,复次是连接数据和命题的逻辑,最后是解释研究发现的标准。

1. 确定案例研究的问题

案例研究法适合回答"怎么样"和"为什么"的问题,所以在案例研究的设计阶段首先要明确所研究问题的本质,这是至关重要的一点。

2. 提出研究的假设

在进行案例分析时,可能出现研究者被错综复杂的案例现象所迷惑,不能明确该研究重点的现象。而提出研究假设则可以引导研究者更加关注需要研究的问题,才不会半途迷失在与研究无关的问题中。只有在提出某种具体明确的假设之后,研究才能在清晰的指引下进行。但是可能也会存在某些案例研究在初始阶段不能提出假设的情况，这是很正常的。因为这类研究问题往往具有探索性，在研究这类问题时，即使采用调查法或者实验法也不可能事先提出假设。但即使是探索性问题，也需要提前确定具体的研究目的，设定一定的标准来判断研究是否成功。

3. 界定分析单位

界定分析单位曾经困扰过许多研究者，因为分析单位在每一个案例中都有可能不同。在案例研究中，界定的分析单位可能是某一个人、某一个事物、某一现象、某一个团体、某一组织形态甚至是难以界定的事件实体。例如，研究某个教学计划的案例时，界定的分析单位可能是教学计划，也可能是教学计划的变化，这是因为研究者采用不同的视角来进行研究所导致的。由此可见，在尝试界定分析单位时，需要将界定单位和所要研究的问题类型紧密联系，认真思考并分析。进行案例研究时的分析单位可以是两国之间的资本流动或货物流动，可以是世界经济市场中的某一产业，可以是一个国家的经济整体，还可以是某一产业政策。显而易见，由于在同一案例研究中界定的分析单位不同，那么可能会使用不同的收集数据和资料的方法和研究方法。

当需要对研究的原始问题进行精确分析，而该案例又有多个分析单位的时候，必须要选择合适的分析单位，这一步至关重要，这会影响研究过程的难易程度和研究结果是否准确。如果研究者不知道某种分析单位是否优于其他的分析单位，那么此项案例研究所要研究的问题可能会数量太多或太过于模糊，这都会阻碍研究的顺利进行。但是，在研究进行的过程中，随着数据和资料收集过程中新的问题不断出现，研究者可能发现之前已经决定采取的某种分析单位随着研究的深入不再完全适合此项案例研究，那么研究者就不应该固执地一成不变，应该不断灵活地修正分析单位。

4. 连接数据和命题的逻辑

连接数据和命题的逻辑是案例研究中最模糊的部分。它是案例研究中证据分析的前期步骤，需要给证据分析打下坚实的基础，才能保证证据分析的顺利进行。

研究者可以通过多种形式来连接数据和命题的逻辑，但是与心理实验中实验对象和条件能够被明确界定的情况不同，案例研究中的连接数据与命题的逻辑不能被明确界定。例如，唐纳德·坎贝尔（Donald Campbell）使用"模式匹配"的方法，表明同一个案例中的几组信息可以用来共同形成某种理论假设。他在一篇论文中阐述了一种时序模式。首先，坎贝尔阐述了美国康涅狄格州出台了一项要求行驶速度必须低于每小时55英里的法律来限制交通以降低因为交通事故造成的死亡人数，之后发现每年由于交通事故的人员死亡数量似乎有下降的趋势。但是，经过深入地分析和对比法律颁布前后两年的死亡率，坎贝尔得出结论——死亡率并不是呈现下降趋势，而是不规则地起伏波动，所以美国康涅狄格州颁布的限制交通速度的法律对交通事故死亡率并没有影响。

如图 5-1 所示,坎贝尔首先描述两种可能的模式,然后收集数据和资料并分析实时数据和哪一种模式更加契合。在此案例中,这两种可能的模式是两个相互矛盾的假设,即《交通限速法》的颁布是否对美国康涅狄格州因为交通事故造成的死亡人数有影响,分别对应的是"有影响"和"无影响"两种假设。最后,坎贝尔通过模式匹配的方法将数据和命题的逻辑联系起来。

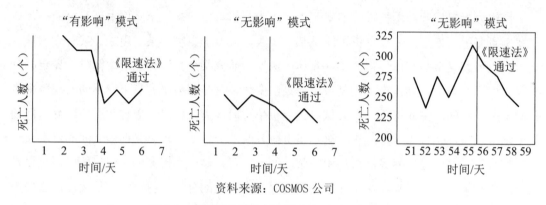

图 5-1 康涅狄格州限制交通速度对死亡率的影响

5. 解释研究发现的标准

同样可以使用上文中坎贝尔的例子来解释案例研究的第五个步骤,即解释研究发现的标准。在坎贝尔的例子中,怎样判定收集的数据和资料与其中一个可能的模式更加匹配,要达到什么样的契合程度才能算匹配呢?首先要设定一个标准,来判定是否匹配。但是坎贝尔在此案例研究中并没有进行对比,也没有做任何统计检验,因为既不现实也不可能使用当年的死亡人数来做统计检验,每年只有一个死亡人数,则不可能存在另一个死亡人数,所以不可能对它们进行统计检验。在这个案例中,坎贝尔虽然无法精确地设定解释研究发现的标准,但是由于不同的模式之间的对比十分鲜明,所以得出了上述结论。而在一般案例研究中,研究者可能也会出现无法精确地设定解释研究发现的标准,但当研究结果至少可以对比解释两种相互矛盾的模式时,就能算作有效的案例研究。

此外,研究者在做研究设计时还需要考虑案例数量,即是选择单案例研究还是多案例研究。一般情况下,如果该案例是具有成熟理论的关键性案例、揭露式案例或者是十分独特的案例,便可以使用单个案例研究,其他情况下,可以根据所研究问题的特点和需求合理选择案例数量。

(二)数据收集以及资料分析

1. 数据收集

在研究设计阶段之后,就需要收集数据和相关资料。一般来说,数据和资料可能来自于相关文档、面谈记录、相关文献、直接观察结果、参与式观察结果和研究实物。研究者在进行案例研究时，并不一定需要上述来源的所有资料，资料可能有所重复，且收集过程费时费力，所以研究者需要合理选择数据和资料的来源和数量。如表5-1所示，各种资料来源都有优缺点，研究者应该根据研究目的选择合适的资料。

表5-1 六种证据来源渠道的优点与缺点

证据来源	优　点	缺　点
相关文献	稳定：可以反复阅读 相对客观：不是为该案例研究的结果而创建的 确切：包含事件中出现的确切名称、参考资料和细节 时间跨度长，涵盖多个事件、多个场景	检索性：低 如果收集的文件不完整，资料的误差会比较大 报道误差：作者无意的偏见可能造成偏差 获取：一些人为因素会影响文件资料的获得
档案记录	同上 精确、量化	同上 档案隐私性和保密性影响着某些资料的使用
采访	针对性：直接针对案例研究课题 见解深刻：呈现观察中的因果推断过程	设计不当的提问会造成误差 回答误差 记录不当影响精确度 内省：被访者有意识地按照采访人的意图回答
直接观察	真实性：涵盖实际生活中发生的事情 联系性：涵盖事件发生的上下文背景	费时耗力 选择时易出现偏差，除非涵盖面广 记录不当影响精确度 内省：被访者有意识地按照采访人的意图回答
参与性观察	同上（同直接观察） 能深入理解个人行动与动机	同上（同直接观察） 由于调查者的控制造成的误差
实物证据	对文化特征的见证 对技术操作的见证	选择误差 获取的困难

在案例研究的数据收集阶段，研究者必须保证所收集的数据和资料包含多种证据来源。因为兼听则明、偏听则暗，所以对于同一个事件，研究者应该获取至少两方面的数据和相关资料。然而在进行案例研究时，研究者往往需要收集大量的数据和资料，如果不按照一定规律和标准进行整理汇编，那么资料和数据就会杂乱无章，从而阻碍研究者从中发现规律，所以应当建立一个专门的按规律编撰数据和资料的案例研究资料库，但是这个资料库却有别于最终的案例研究报告，它不需要太过于规范。研究者收集到足够且合适的数据资料之后，就需要发展一系列的证据链，将案例研究中确定的问题、收集的数据和需要得出的结论联系起来。

2. 分析资料

研究者收集到数据和资料之后，就需要开始分析数据资料，此阶段的工作主要包括数据的检测、分类和列表，主要是为了验证研究提出的假设而重组数据。案例研究的资料分析一般包括依赖理论假说和进行案例描述两种策略。

（1）第一种策略为"依赖理论假说"，是研究者在前人已经验证过的理论命题的基础上提出应用于本案例的理论假设，然后再通过分析本案例来修正并验证提出的假设。使用第一种分析策略可以帮助研究者回答"怎么样"和"为什么"的问题。但是，使用这种分析策略也会有弊端，因为这种案例研究的研究设计是以已有理论假说为基础，所以研究者会将注意力集中在某些与已有理论假说相关的资料上而忽略其他的资料，这样收集数据资料的范围和方式就会被限制。

（2）第二种策略为"进行案例描述"，是指研究者在详细了解掌握案例的情况之后，构建一个描述的框架来组织案例研究。显而易见，当案例研究是描述性案例研究时，使用这种分析策略是非常合适的。但是如果不是描述性案例研究时，使用这种分析策略也可以帮助研究者识别并分析案例中的因果关系。第二种分析策略没有第一种分析策略的适用范围广，但是研究者在缺乏理论假说的时候，也可以采用这种分析策略来推进研究。

为了在数据分析之后获得高质量的结果，研究者在案例研究的资料分析阶段必须保证数据分析的过程是以所有的相关证据为基础，而不是臆想捏造的，分析结果要清楚地说明案例研究中意义重大的方面，不在无关紧要的部分多费笔墨，为了满足这两点要求，研究者需要充分掌握前人资料和相关文献研究，从而更好地确定自己研究的主旨和问题。

（三）撰写报告

经过数据分析，研究已经得到了初步的结论之后，研究者则需要通过规范化语言将研究成果描述出来。撰写报告不是一个简简单单誊写草稿的过程，在撰写案例研究报告时，研究者首先要思考研究报告的读者。一般而言，案例研究报告的读者大致可以分为四种类型：第一种是有学术经验且大致了解案例背景的学界同仁；第二种是大致了解案例背景却无学术经验的政策制定者、社区领导和行业从业者；第三种是有学术经验却不了解案例背景的其他社会科学研究领域之外的专业人士；第四种是特殊人群，如学位论文的评审委员或者案例研究项目的资助者。针对不同的读者，撰写报告的风格和重心也不尽相同，所以研究者首先应该明确报告的读者，再来思考如何撰写报告。

明确了报告的读者之后，研究者再选择报告的写作类型。案例研究报告主要包括单案例研究、单案例研究的集合、问答式案例研究和跨案例式案例研究。

第一种是经典的单案例研究，它用来描述和分析单个案例，一般使用列表、绘图和图像来展示信息推进讨论。第二种是单案例研究的集合，它将每个案例的内容以独立部分的形式展现出来，一般包含多种叙述。通常这种报告形式会包含一章跨案例的分析或者得出的总结论。第三种是问答式案例研究，这种形式既可用于单案例，也可用于多案例。问答式案例研究的案例报告与应用前两种写作方式的案例报告不同，按照一系列问题和答案来编写，不包含传统的陈述。这种"提问—回答"的写作方式能帮助研究者很快地回答研究中所提出的问题，避免出现作者写作卡壳的问题。第四种表达形式只能用于多案例研究，不适用单案例研究。跨案例式案例研究的报告由跨案例分析组成，每一个案例可能没有独立的章或部分，单个案例的信息都被分解到每一章或部分中，而报告的每一章或每一部分都由一个独立的跨案例研究问题构成。

确定了案例报告的写作类型之后，还要确定案例报告的陈述结构。一般而言，案例报告的陈述结构有线性分析结构、比较结构、编年结构、理论建构结构、悬念式结构和无序结构六种。

1. 线性分析结构

线性分析结构是研究报告的最常用、最标准的陈述结构，按照研究的问题或项目的顺序来撰写，一般按照研究问题的背景和目的、文献综述、研究方法、数据资料的收集和分析以及从数据资料分析中得出的结论的顺序来撰写报告。这一陈述结构适用于解释性案例研究、描述性案例研究和探究性案例研究。

2. 比较结构

比较结构通过对同一个案的描述或解释进行比较，将案例重复两次或多次。研究者使用比较结构可以从不同角度或使用不同的描述模式分析并解释同一案例，来探索案例事实如何被更好地分类以实现描述的目的。

3. 编年结构

使用编年结构的案例报告按照案例历史早期、中期、晚期的时间顺序排列章节与案例相关资料。无论是解释性案例研究还是描述性案例研究，使用编年结构的好处在于编年方法可以避开将过多的注意力集中在开始的事件上而对后面的事件不够关注的陷阱。

4. 理论建构结构

顾名思义，理论建构结构是指章节顺序将沿着理论构建的逻辑展开。使用这一陈述结构的案例报告，其每一章节要解答理论争论的新问题，所以这种陈述结构适用于解释性案例研究和探究性案例研究。

5. 悬念式结构

悬念式结构与线性分析方法正好相反，使用这一结构的案例报告开门见山，直接在一开始的章节就阐明案例研究的结论，而剩余章节则层层剖析如何得出这一结论，一般采用多种阐释方法，所以悬念式结构主要适用于解释性案例研究。

6. 无序结构

无序结构是指案例报告的章节呈现的顺序并不重要。研究者可以根据自己的写作需求更改书中章节的顺序，而不会影响其描述意义，所以无序结构适用于描述性案例研究。

表 5-2 比较了六种案例报告的写作结构，分别阐述了各种写作结构的适用性，研究者可以根据研究目的采用合适的写作结构。

表 5-2　六种结构及其在不同案例研究目的中的适用性

结构类型	案例研究的目的（单案例或多案例）		
	阐释性	描述性	探索性
1. 线性分析结构	√	√	√
2. 比较结构	√	√	√
3. 编年结构	√	√	√
4. 理论建构结构	√		√
5. 悬念式结构	√		
6. 无序结构		√	

第二节　企业诊断法

19世纪末期，企业管理咨询诞生于美国，当时欧美企业的所有者往往是企业的经营者，部分经营者不善经营，导致经济萧条、公司濒临倒闭，所以出现了技术咨询机构和专家到企业进行诊断，以挽救公司经营不善的情况。20世纪初期，企业管理咨询被引进到日本之后，当时的日本需要通过扶持中小企业来控制大企业的垄断现象，于是便将企业管理咨询消化、吸收再融合创新，形成了企业诊断法。中国的企业诊断开始于20世纪80年代，在近几十年中获得了较快的发展，还从不同的角度进行了学术性探索。

一、企业诊断法的定义

企业诊断法是指对经过现营业务的观察了解，再根据经营环境的变化趋势，确定现行业务和未来业务的基本指导方针，然后再根据指导方针来制订详细的计划并严格执行。公司通过企业诊断，可以从特定的角度梳理经营业务的优势、劣势以及潜在的风险，从而提高公司效益。对于未来拟开展的业务，应该以对现有业务的诊断为基础，确定指导方针，进而实现目标。总而言之，企业诊断就是要通过分析企业竞争对手、企业环境及企业本身竞争优劣势，做到知己知彼，以确定企业的经营策略，提高企业的核心竞争力。

二、企业诊断法的原则

研究者在使用企业诊断法进行案例分析的时候，需要保证始终站在企业的立场上把握全局，以企业的整体目标为中心，进行综合协调的把控，而不能"因小失大"。而在分析企业所处环境的时候，不能只局限于企业的内部环境，还要考虑企业所处的外在环境，如自然环境、经济环境、政策环境、行业环境和企业竞争环境，这样周全地考虑才能保证企业内部利益和外部效益的一致。并且在进行企业诊断时，研究者应该从中立的第三者立场以发展的眼光，客观地进行诊断，根据企业所处的发展阶段诊断企业，提出具有前瞻性、建设性的意见，撰写诊断报告实现对企业方向的指导。同时研究者还必须保守诊断秘密，严格遵守职业道德。

三、企业诊断法的意义

一般来说，企业由于经验、知识、能力、人力资源等方面的不足，无法根据公司所处的阶段采取适当的管理模式，而企业诊断法的意义在于可以从财务、销售、生产、综合管理等多个角度综合调查分析企业的经营情况，一针见血地指出企业在各个方面存在的问题，再根据环境趋势制订改进措施和管理模式，促进企业健康发展，提升企业的核心竞争力。企业诊断法的意义在于以下四个方面：

（一）帮助企业发现存在的问题

企业面临的问题很多，不同的企业或者相同企业在不同的发展阶段存在的问题也都不一样，而且有时候不易察觉，并且长期在一个企业里工作，难免受到企业内部传统观念、习惯以及错综复杂的人事关系的影响，不易进行客观公正的判断，而企业诊断能比较客观公正地分析问题，结合企业的实际情况采取针对性的解决方案和纠正措施，并指导、协助企业纠正，起到纠错的作用。

（二）推动企业变革

当企业与同行业的先进管理水平存在差距时，一味地照搬模仿并不是良策。企业诊断可以让企业的管理层了解自身与先进管理水平的差距，认识到变革的紧迫性和必要性，吸收同行业有益的管理方式，改善自身的管理水平，使企业不断追求变革和创新，适应外界不断变化的竞争环境。

（三）快速提升管理团队的管理能力

现实中，相当多的企业决策者对于战略的认识还处于启蒙阶段，对于如何有效实施战略也往往不得要领，组织结构的设计基本上是沿袭历史或者根据个人意志来判断，对于消费者需求的研究也明显不足，在营销管理、绩效管理等方面的差距甚大。很多企业决策者不知道好的管理方法和工具，只能在实践中摸索前行。企业诊断法可以将先进企业的方法和经验针对性地应用到企业的实践中，快速提升管理团队的管理能力，帮助企业进行管理创新，使企业提升管理绩效，实现新的管理目标。

（四）预防风险

通过对企业的综合诊断，让企业充分了解和认识管理中存在的不足和需要改进的方向，能为企业规避未来可能出现的管理问题，起到预防作用。

四、企业诊断的类型

企业诊断可以从多个方面来调查分析企业存在的问题，而针对不同的问题，企业诊断又可细分为企业环境诊断、企业战略诊断、企业人力诊断、企业管理诊断、企业生产诊断、企业营销诊断和企业财务诊断。

（一）企业环境诊断

企业环境诊断是指研究者从第三方角度客观分析企业所处的内外环境，分析企业在此内外环境中的优势、劣势、风险和机遇，并提出相应的意见。企业的内外环境在为企业经营活动提供发展空间的同时，也会对企业产生某些限制，可能造成企业的经营活动在此内外环境中"水土不服"，只有当企业经营活动与内外环境相协调的时候，企业才能长期发展。

（二）企业战略诊断

企业战略诊断是指在企业环境诊断的基础上，把握时代潮流和行业发展趋势，结合企业自身的发展目标，制定符合社会发展趋势的具有远瞻性的总体发展规划。选择比努力更重要，只有方向正确才能乘风破浪，更进一步，若是整体规划违背了社会发展规律，企业发展很可能会江河日下。

（三）企业人力诊断

企业人力诊断是指研究者分析评价企业的管理层和基层员工的思想水平、知识水平、工作经验、应变能力、创新能力和敬业精神等，指出在人力资源方面出现的问题，提出科学的人力资源管理策略以完善相应的规范制度，提高企业人员的创新能力，降低员工的流失率，从而为企业的长足发展奠定基础。

（四）企业管理诊断

企业管理诊断是研究者调查分析企业的组织架构体系、管理制度、决策水平、管理过程和管理方法等方面，从中发现存在的问题，优化管理流程，提高管理水平以减少企业资源的内耗。

（五）企业生产诊断

企业生产诊断是指研究者调查分析企业的产品种类、产品质量、产品设计、产品功能、生产成本、生产设备、生产组织、工艺流程、工艺水平和原材料供应等方面存在的问题，优化生产流程，减少原材料的浪费，提高企业的生产效率和利润率。

（六）企业营销诊断

企业营销诊断是指研究者调查分析企业的市场战略、销售计划、产品发展规划、销售渠道、营销活动和营销人员等方面存在的问题，缩短货物的销售期，降低库存量，实现精准营销，提高企业利润。

（七）企业财务诊断

企业财务诊断是指研究者调查分析企业的资本结构、盈利能力、偿债能力等方面存在的问题，发现企业经营、理财过程中存在的深层次问题，采取挽救措施，降低企业经营失败的风险。

除了前文所述的七种类型，还存在其他企业诊断类型，此处不再赘述。

五、企业诊断法的过程

进行企业诊断法的过程一般分为：诊断前准备阶段、诊断需求确认阶段、预备诊断开展阶段、正式诊断与提交报告阶段和诊断实施与反馈阶段。

（一）诊断前准备阶段

在诊断前准备阶段，研究者首先要分析筛选以明确企业诊断的需求，然后到有诊断需求的企业，完成诊断前准备。

（二）诊断需求确认阶段

在诊断需求确认阶段，研究者需要和企业决策者进行访谈，根据访谈内容来选择并确认企业进行诊断的真实需求。在明确了需求之后，再和决策者谈判，决定是否接受该企业的诊断委托。

（三）预备诊断开展阶段

确定了需要对该企业进行诊断时，必须要和企业管理层进行沟通，制订一个令双方都满意的资源分配计划，最后再判断该诊断计划书是否可行。

（四）正式诊断与提交报告阶段

经过了前三个阶段之后，研究者就开始了正式的企业诊断。研究者通过现场勘查、访谈、试验等多种方法从企业相关信息中找出问题，并提出对应的策略。在企业诊断分析之后，研究者就开始撰写企业诊断报告。一般而言，企业诊断书包括企业背景、诊断范围与内容、诊断问题分析、诊断结论、诊断的建议和对策方案。

（五）诊断实施与反馈阶段

提交了诊断报告之后，企业应根据诊断报告实施相应的措施，而在该策略实施一段时间之后，研究者还需要评估对策方案的实施效果和客户满意度。研究者进行诊断反馈不仅是对委托企业负责的表现，而且能反思研究反馈结果中效果不佳的策略方案，不断提升企业诊断水平。

第三节　调查研究法

调查研究法是指针对某一企业或者行业值得总结的经验，使用科学统计法和调查研究方法进行调查研究、分析，并提出建设性的意见。

一、调查研究法的定义

调查研究法是指通过科学的统计分析方法对有目的、系统、直接地收集到的企业相关数据进行调查分析，从而阐明企业生存与发展规律的过程。

二、调查研究法的特点

（一）调查对象的广泛性

在使用调查研究法研究课题时，研究的对象十分广泛，可以是某一特定的人、企业或者行业，也可以是某一特定的城市、省市或者国家。

（二）调查手段的多样性

在使用调查研究法时，研究者可以混合使用包含但不限于问卷、访谈、测量等多种调查手段来推进研究，并且使用的每一种方法都可以根据具体情况不断变化。因此，在研究过程中，研究者可根据需要选择适当的方法。

（三）调查方法的可操作性和实用性

在调查研究前，研究者需要设计具有可操作性的调查方案。在调查方案中，需要明确研究变量的操作指示，再按照调查方法设计调查工具。这样在推进调查研究时，研究者就可以按照调查方案上的内容一步步规范地进行具体操作。另外，调查研究法在收集数据资料的阶段并不要求设备条件和环境控制，有助于调查研究在大范围内推进，从而在较短时间内收集到大量的数据资料，实用性强。

（四）调查结果的延时性

调查研究法一般是通过书面或口头语言等形式输出通过调查手段获得的结果和报告，所以具有延时性。相比于其他研究方法，调查研究法获得资料的信度、效度差于直接观察研究所得的资料。

三、调查研究法的作用

首先，调查研究法可以为研究者提供专题研究的原始材料和数据，从第一手资料中揭露企业存在的问题，并且不断解决各种暴露出来的矛盾促进企业持续发展。其次，调查研究法的成果可以帮助企业的有关部门在制定相关管理政策、总体战略规划时提供事实基础，为企业管理层实现不同层次的管理要求，提供较准确的预测和建设性建议。最后，调查研究法可以通过提出新理论和新见解解决企业由于缺乏先进的管理经验而导致的问题，从而推动该领域的科学化。

四、调查研究法的分类

调查研究法可以根据收集资料的不同方式分为问卷调查法、个案调查法、深入访谈、焦点小组访谈法和专家调查法等。

（一）问卷调查法

问卷调查法是指研究者使用按照研究需求合理设计的问卷向被调查者了解关于课题的情况或者征询被调查者的意见。问卷调查法操作简单，可适用于大规模、大范围的调查，但是被调查者填写调查问卷的回答具有随意性，即使通过问卷能够得到大量的信息，但因有效信息缺乏，其信度较低。

（二）个案调查法

个案调查法是指研究者专门对某一特定对象或特定事件进行的调查。由于调查者只有一个调查对象，所以往往会集中大量注意力在调查对象上进行深入调查，可以获得比较细致的调查结果，也正因为如此，对于研究者来说，个案调查费时费力。

（三）深入访谈

深入访谈是指有特定目的的会话，通常研究者会和访谈对象面对面地进行结构化聊天，研究者可获知一些关于谈话者的经验、感受或者观点。在进行深入访谈的过程中，需要研究者具备一定的调查技巧和沟通技巧，以保证沟通的顺利进行。

（四）焦点小组访谈法

焦点小组访谈法又称焦点访谈法，是指研究者同时对 5～10 人组成的小组进行非结构化的访谈和讨论，以了解小组成员的态度和观点。相比于深入访谈法，焦点小组访谈法收集的数据和信息更多、更全面。但是使用这一种方法的难点在于需要恰当地选择小组成员，并且需要研究者具备一定的组织能力和沟通技巧，以把控访谈的方向和进度。

（五）专家调查法

专家调查法又称德尔菲法，是指研究者以研究课题的专家为调查对象，研究者可以凭借专家的知识和经验对研究问题进行判断、评估和预测，把握研究问题的状况和发展趋势。专家研究法一般适用于缺少该领域中的相关数据或在新技术评估的情况中。

五、调查问卷的设计与发放

（一）调查问卷设计的原则

调查问卷是获得第一手数据和资料的重要文件，设计的调查问卷应安排合理、问题设置得当，才能从数据中挖掘很多有效信息，所以按照一定标准和原则设计调查问卷至关重要。

1. 目的性原则

调查问卷的目的是获取足够的管理决策所需的信息，以满足决策者准确决策的需求。因此，研究者需要透彻了解调查研究的问题，尽可能地从被调查者处得到有效数据和信息。在设计问卷的时候，不能遗漏重点问题导致需要的信息资料不全，也不应该浪费卷面回收不相关的信息和资料，需要突出重点问题，删除可有可无的问题。

2. 逻辑性原则

研究者应该确保问卷具有逻辑性，问题的排列应该符合逻辑顺序。一般是让被试者回答一些简单的问题，再由浅入深、先易后难，从具体的问题逐渐过渡到抽象的问题。这样研究者才能顺利发问、被试者也能降低心理防备，顺利并真实地回答问题，保证所取得信息和资料的正确性和有效性。

3. 通俗性原则

在使用调查问卷收集数据时，研究者为了收集到足够多的有效数据，往往会大规模、大范围地发放问卷，那么就会面对各种文化程度的潜在被试者。在设计问卷的时候，研究者一定要保证问卷使用语言规范且通俗易懂，没有歧义，要能让潜在的被试者愿意填写调查问卷，且在填写问卷时能够充分理解问题的含义。问卷一般使用简单的问题，避免使用高深的专业术语。

4. 便于处理性原则

调查问卷主要目的是为了回收数据，所以在设计问卷的时候，要考虑使用哪一种提问策略能够使被调查者的回答便于检查、快速提取数据，也便于后期研究者对调查结果的整理和统计分析。如果研究者忽略这一关键点，那么在调查结束之后很可能出现获取的数据很充足，但是却无法进行统计处理的难堪局面。

5. 合理问卷长度的原则

在设计问卷的时候，研究者需要站在被试者的立场上考虑调查问卷。如果调查问卷上的内容过多，自然而然被试者可能没有耐心完成全部问卷的回答，或者随意回答问题。出现这种现象，不仅得不到有效数据和信息，还降低了已有数据的信度，得不偿失。

（二）调查问卷的构成

一份调查问卷通常包括前言、被试者基本资料、事实性问题和态度性问题四个部分。

（1）前言是问卷开头说明研究目的的导语，指导填写者使用规范的方式回答问卷上的问题，减少被试者的顾虑。

（2）被试者基本资料包括但不限于年龄、性别、文化程度、消费水平等基本信息，这些基本信息既可以根据研究课题和研究假设的要求来设置，也可以作为让被试者进入问卷填写状态的缓冲问题，提高数据的信度。

（3）事实性问题是指为了了解客观存在或者已经发生的行为而设置的问题，包括存在性事实问题和行为性事实问题。

（4）态度性问题是指人对某种现象的偏向，包括态度的方向性和态度的强度。

（三）问题的排列组合

调查问卷的排列组合也十分重要，一份好的调查问卷能让被试者不自觉地正确填写回答，而不引起反感。一般而言，调查问卷中的问题排列顺序包括类别性顺序、时间性顺序、内容性顺序和逻辑性顺序。

1. 类别性顺序

类别性顺序是指研究者把相同性质的问题放在一起，使得性质不同或类别不同的问题不会相互杂糅，这样被调查者可以按照该顺序回答完一类问题之后再自然过渡到另一类问题，其思路不会来回跳动以致中断。

2. 时间性顺序

时间性顺序是指研究者按时间顺序来安排问题顺序，将问题按照过去、现在、将来的顺序排列。

3. 内容性顺序

内容性顺序是指研究者按照问题的复杂程度来排列问题，先是简单的问题，再是困难的问题，先是一般性的问题再是特殊性的问题，层层深入，而高敏感的问题一般放置在问卷的最后。

4. 逻辑性顺序

逻辑性顺序是指研究者有意识地将包含自变量的问题放在前面，包含因变量的问题放在后面，便于研究者后期进行数据分析。

（四）问卷的试测与修订

研究者完成调查问卷的初步设计之后，不应该立即大范围地分发，而是应在小范围内进行试验，根据小范围回收的数据和回答，来检测调查问卷的初步设计是否合理，是否有缺陷，列举的限制性答案是否完善等。通过试测，发现问题后及时修正，再将问卷大范围地分发出去，这样才能避免因为调查问卷设计不当而大面积浪费资源的问题。

（五）问卷的分发与回收

调查问卷的分发和回收的方式多种多样，一般包括邮政投递式、专门递送式、集中填答式、网络投递式和报刊传递式五种。

1. 邮政投递式

邮政投递式有许多优点，包括简单便宜、匿名性高，能对一些敏感性问题得到真实的回答，没有访员引起的误差。但是其缺点也很显著，包括回收率低、耗时长、废卷较多、无法确定是否由被调查者本人填写，这些缺点都会极大影响研究的准确性。

2. 专门递送式

专门投递式回收率高，回收周期短，但是投递范围窄，不具备代表性，并且被试者可能会出现互相询问的现象，以至于降低了数据的有效性。

3. 集中填答式

集中填答式由于访员在场的原因，回收率高、废卷率低，但是由于需要访员的参与和协助，该方式费时、费力、费钱，且匿名性差，还会影响敏感问题回答的真实性。

4. 网络投递式

网络投递式通过互联网来分发调查问卷，省时、省力、省钱。但是由于填写网络问卷可匿名，那么被调查者可能随意填写回答；更有甚者为了某些利益，故意舞弊，降低了回收数据的可信度。

5. 报刊传递式

报刊传递式，是指问卷随着报刊的传递而分发。如果使用该种方法，那么问卷的被试者就只限于该种报刊的读者，不具有代表性，且回收率低。

六、调查研究的一般步骤

调查研究法尽管有上述各种不同的类别，在程序上虽也各有侧重，但都基本上遵循以下几个步骤。

（一）确定需要调查的问题

在调查研究中需要调查的问题应该是某一个具象的问题，而不能是抽象的问题。研究者可以结合文献的主题推导需要研究的命题，再将该命题扩展为需要调查的问题。

（二）确定调查对象

确定需要调查的问题之后，研究者需要确定调查对象，即确定能提供最有价值信息的对象。如果研究者希望研究结果能够反映总体情况，为了提高研究信度，则需要考虑采用抽样方法。如果研究者希望研究结果反映一些特殊个体的情况，则需要选择有代表性的个体作为调查对象。

（三）拟订调查计划

一般情况下，拟订调查计划时主要考虑以下三个问题：

1. 确定调查方法

需要关于态度方面的资料则使用问卷调查法；需要关于行为方面的资料则可使用观察法；需要关于智力和学业表现方面的资料则可使用测量法。调查方法需要灵活使用，甚至可以在同一研究中使用多种调查方法。

2. 确定调查项目

先从几个大的方面确定调查项目，并检验调查项目能否有效地反映所要研究的问题，再由此逐层分解成具体的小项目。最后，分出的小项目要具有可操作性，即调查获得的资料能进行统计处理。

3. 确定调查进程

在确定了调查方法和调查项目之后，应该制订具体计划，确定接触的方式和调查人员，确保在整个调查进程中能够按照拟定的计划推进，顺利完成调查计划。

（四）进行试探性调查

在拟定了调查计划之后，不应马上进行调查研究，还需要考察调查项目和调查程序的合宜性，进行试探性调查，得到一些关于课题的一般性了解，以期从中发现调查计划中的问题，为后期实施正式的调查排除风险。

（五）选择和编制调查工具

进行了试探性调查之后，需要选择和编制包括问卷、访谈提纲、调查表格和观察记录表等调查工具，在编制调查工具的时候为保证其科学性和实用性，需要满足一定的技术要求。

（六）实施调查

选择了合适的调查工具之后，研究者就可以根据调查的具体要求进行调查。调查的具体要求包括，问卷格式是否适合，调查员调查方式是否正确，求证抽样设计是否适当，调查编组是否合理等。

（七）整理调查材料

进行正式的调查研究之后，研究者需要将收集的调查数据和材料进行整理和统计分析，一般包括数据的整理、数据的分组、数据的汇总以及制作相关的描述性统计图表，最后从中得出结论，并提出相应意见。

（八）撰写调查报告

在进行完前面的所有步骤之后，研究者需要将所得到的结论进行书面记录，撰写调查报告。撰写调查报告需经历选定题目、撰写提纲、撰写初稿、修改定稿四个步骤，应当在此基础上撰写出一份内容翔实、条理清晰的调查报告。

本章要点

本章介绍了MBA学位论文写作中常用的三种研究方法。首先，介绍了案例研究法的优缺点、适用范围、类型和研究过程。其次，介绍了企业诊断法的原则、类型与研究过程。最后，介绍了调查研究法的特点、分类和研究步骤，其中阐述了调查问卷的设计与发放注意点。

比较上述三种研究方法，发现案例研究法能为其他类似案例提供易于理解的解释，有可能发现被传统的统计方法忽视的特殊现象，通过对现象进行翔实的描述，可对现象背后的原因进行深入的分析，有助于研究者把握事件的来龙去脉和本质。然而案例研究法的结果不易归纳为普遍结论，由于其非常耗时耗力，所以用该方法进行一项研究时，通常不会调研大量的案例，而是应用小样本研究。

企业诊断法必须在企业中寻找原因。由于企业环境是变化的，并且企业不同、地域不同、产品不同，那么每个企业的问题也不尽相同，所以企业诊断法应密切关注企业，深入企业内部才能诊断出病因。应经常深入企业、深入到各级领导和员工中去，做深层次的、细致入微的定性访谈和定量问卷诊断，但是切记在企业诊断中"解决问题"比"诊断问题"更重要。

调查研究法应采用科学的方法，使用真实、可信的数据来说明问题，以体现调研报告的客观和科学，并且采用图形、表格和有关工具来表述，尽量采用数学模型来分析和研究问题。研究结果一定要联系实际，不能得出假、大、空的结论。

此外，MBA研究方法还包括专题研究法、可行性研究法、试验研究法、质性研究法等多种方法。

思考练习

1. 简述案例研究法的三种类型。
2. 企业诊断法的步骤有哪些？
3. 简述调查研究法的一般步骤。
4. 分析案例研究法、企业诊断法与调查研究法的相同点与不同点。

第六章 MBA科学研究与论文写作

撰写学位论文是每位MBA学员都要完成的一项任务。本章在介绍科学与科学发展史、科学精神与科学研究的基础上,针对MBA学位论文的基本组成内容和写作要点,重点介绍了论文的标题、摘要、关键词、目录、绪论、正文、参考文献、注释、致谢、MBA学位论文原创性声明及版权使用授权书、附录十一项内容的写作要点。同时,详细讲解了MBA学位论文的写作流程,包括拟写提纲、撰写初稿、实施论证、论文的修改和校对、定稿等环节,为MBA学员提供学位论文写作方面的指导。

第一节 科学与科学发展史

一、科学的定义

科学,指的就是分科而学,后指将各种知识通过细化分类研究(如数学、物理、化学等),逐渐形成完整的知识体系;它是一个建立在可检验的解释和对客观事物的形式、组织等进行预测的有序的知识系统。1888年,达尔文曾给科学下过一个定义:"科学就是整理事实,从中发现规律,做出结论"。达尔文的定义指出了科学的内涵,即事实与规律。《辞海》1999年版将科学定义为:"运用范畴、定理、定律等思维形式反映现实世界各种现象的本质规律的知识体系。"科学不同于常识,其通过分类,以寻求事物之中的条理。此外,科学通过揭示支配事物的规律,以求说明事物。科学是人类活动的一个范畴,它的职能是总结关于客观世界的知识,并使之系统化。简单地说,科学是如实反映客观事物固有规律的系统知识。

在目前常见的用法中,"科学"经常指的是追求知识,不仅是知识本身的一种方式,它也经常受限于研究这些分支寻求解释物质世界的现象。科学是使主观认识与客观实际实现具体统一的实践活动,是通往预期目标的桥梁,是联结现实与理想的纽带。我们通常提到的科学是指自然科学,并不包括社会学和思维学的内容。科学是对已知世界通过大众可理解的数据计算、文字解释、语言说明、形象展示的一种总结、归纳和认证。

二、科学的分类

(一)按研究对象的不同分类

可将科学分为自然科学、社会科学和思维科学以及总结和贯穿于三个领域的哲学和数学。

1. 自然科学

自然科学是科学三大领域之一,与社会科学、思维科学并称"科学三大领域",以定量作为手段,是研究无机自然界和包括人的生物属性在内的有机自然界的各门科学的总称,简单来说,自然科学是研究大自然中有机或无机的事物和现象的科学,包括天文学、物理学、化学、地球科学、生物学等。

2. 社会科学

社会科学是用科学的方法,研究人类社会的种种现象的各学科总体或其中任意一门学科,是研究各种社会现象的科学。例如,社会学研究人类社会(主要是当代),政治学研究政治、政策和有关的活动,经济学研究资源分配。社会科学包括经济学、政治学、法学、伦理学、历史学、社会学、心理学、教育学、管理学、人类学、民俗学、新闻学、传播学等。

3. 思维科学

思维科学,是研究思维活动规律和形式的科学,主要是指研究思维的自然属性和社会属性、思维的物质基础、语言及其对思维的作用、思维的历史发展及动物"思维"与机器"思维"等,还包括应用方面的研究。目前,对思维科学体系分类尚无一致看法。一般认为,思维科学基础研究内容包括:社会思维、逻辑思维、形象思维和灵感思维。还有的认为,其应包括哲学世界观与研究主体人脑生理结构方面的学科。思维科学的研究方法大致有:通过对大脑的研究,认识思维的机制;通过工具等思维产品的创造,研究思维的过程及其历史发展;通过语言研究透视思维的内在规律;通过人工智能对思维的模拟,研究思维的模式;通过运用历史和逻辑相一致的方法,以及系统方法和综合方法,研究思维的特点和规律。

4. 哲学

哲学是对基本和普遍之问题的研究。哲学分支有中国哲学、西方哲学、伦理学、宗教学、美学、逻辑学、心理学、科学技术哲学等。哲学是有严密逻辑系统的宇宙观,它研究宇宙的性质、宇宙内万事万物演化的总规律、人在宇宙中的位置等基本问题。哲学任务就是对现实世界进行原理层面的把握,把多综合为一或把一区分为多,一和多都是原理。原理也要清晰表达、系统构造,这样的原理系统才适用于阐释世界或指导实践。

5. 数学

数学是研究数量、结构、变化、空间以及信息等概念的一门学科,从某种角度看属于形式科学的一种。在人类历史发展和社会生活中,数学发挥着不可替代的作用,也是学习和研究现代科学技术必不可少的基本工具。

(二)按与实践的不同联系分类

可分为理论科学、技术科学、应用科学等。

1. 理论科学

理论科学是指偏重理论总结和理性概括,强调较高普遍的理论认识而非直接实用意义的科学。在研究方法上，理论科学以演绎法为主，不局限于描述经验事实。

2. 技术科学

技术科学是指直接应用于物质生产中的技术、工艺性质的等科学。一般来说，科学是指自然科学（或基础科学），如数、理、化等学科，技术通常是指工程技术，如土木工程、水利工程、电机工程、机械工程、化学工程等，一般有很具体的对象。概括来说，自然科学的主要任务是认识世界，认识物质世界变化的规律，工程技术一般具有改造世界的性质。

3. 应用科学

应用科学研究的方向性强，目的性明确，与实践活动的关系密切，且直接体现着人的需求。狭义的应用科学以自然科学和技术科学为基础，是直接应用于物质生产中的技术、工艺性质的科学，与技术科学之间没有绝对的界限。狭义应用科学是对功能形态技术（指对客体的加工、改造方法）的概括和总结，技术科学所具有的特征它也都有，此外，它更明显地体现着心理学、生态学、美学的内容。狭义应用科学的基本内容包括：工程设计程序、劳动对象成型方法、对工艺可靠性的评估方法、保障优化生产的方法、减轻劳动强度和节约材料的方法等。当代，应用科学正获得越来越丰富的内容，各种应用学科不断涌现，为基础理论的运用开辟着越来越广阔的前景。

（三）按人类对自然规律利用的直接程度分类

按此标准，科学可分为理论自然科学和实验科学两类。

实验科学亦称"经验科学"，指的是18世纪以前的经典自然科学或以实验方法为基础的科学，与"理论自然科学"相对。17世纪英国的F.培根指出科学必须是实验的、归纳的，一切真理都必须以大量确凿的事实材料为依据，并提出一套实验科学的"三表法"，即寻找因果联系的科学归纳法，要求科学地对观察实验材料进行归纳。理论自然科学是指在18世纪之后，在近现代科学基础上，以严谨的科学态度去研究天文学、物理学、化学等自然学科的科学。它为现代科学提出了很多基础的科学理论，成为现代科学大厦坚固的基石。

（四）按是否适用于人类目标分类

按此标准，科学又可分为广义科学、狭义科学两类。

广义科学是一个关于认识事物客观规律，包括自然科学和社会科学在内的知识体系。广义科学是建立在比传统科学更广泛的定义空间的科学体系，是将传统的实验科学的外延从三维空间拓展到N维空间的理论体系。所谓外延就是在保持实验科学的基本逻辑基础上的延伸，用更专业的语言描述就是：将传统实验科学的定义域从三维空间扩展到N维空间。广义科学涵盖的内容包括广义能量学、广义宇宙学、广义心理学等。

狭义科学主要指自然科学（包括科学与技术的总称），它是指运用理论的概念，采取实验和逻辑的方法，揭示自然界规律而形成的系统知识体系。

另外，已经成熟并被社会承认的科学称为"显科学"，尚未成熟，还处于幼芽阶段的科学则可称为"潜科学"。

三、科学发展史

（一）社会科学的发展史

总体来说，划分社会科学历史发展阶段应该坚持四条原则：第一，要坚持社会科学与人类历史同步发展的原则，简称"同步性原则"；第二，要贯彻社会科学自身发展的"相对独立性"；第三，要贯彻"统一性原则"，也就是既要立足世界社会科学整体的进步，又要兼顾各个区域社会科学的发展状况；第四，要坚持全球发展与区域进化统一的原则。

根据上述的四个基本原则，社会科学的发展史可划分为以下五个阶段：

1. 第一阶段——上古时代社会科学的酝酿产生

从远古时代世界五大文明发祥地分别出现社会思想萌芽开始（约为公元前三千年），到奴隶制社会后期社会科学走向衰落为止。在这个历史阶段中，公元前 8 世纪（中国则可追溯到公元前 11 世纪殷周之交）是个明显的转折点：在此之前，社会科学尚处于萌芽状态，其思想散见于古代典籍中；在此之后，社会科学（虽然只是有限的几个部门）才以独特的对象和表现形式出现于科学的舞台上。

2. 第二阶段——中古时代社会科学的缓慢发展

这段时间东西方文化虽有交往，但基本上是独立演进的。中国这一阶段大致是从秦汉开始，一直延续到 1500 年后的明王朝末期。欧洲这一阶段大致是从公元 4 世纪开始的，到了 16 世纪上半叶，在宗教改革和自然科学革命的双重打击之下，教会的绝对权威才开始动摇，直到 1684 年签订《威斯特里伐里亚和约》之后，教皇的世俗权力才全部丧失，即政教分离。

3. 第三阶段——近代社会科学的重新崛起

世界进入资本主义时代以后，社会科学史演进的主线在欧洲。马克思主义诞生之前的社会科学各种理论基本上是为资产阶级革命和资本主义建设服务的。这一时代可以划分前后两个时期：近代前期从 15 世纪意大利文艺复兴开始，到 1689 年英国资产阶级革命成功发表《人权宣言》为止；近代后期从法国资产阶级启蒙运动开始，到第二次工业革命结束为止。

4. 第四阶段——现代社会科学的飞跃前进

在整个社会科学发展史上，这是科学指导思想和方法论基础的变革时期，因此也可称为科学史演进的飞跃阶段。马克思、恩格斯的《共产党宣言》是本阶段开始的标志。按照列宁的分析，世界进入帝国主义和无产阶级革命的时代是在 19 世纪末 20 世纪初。这个时间大致与现代自然科学的开端是一致的。

5. 第五阶段——当代社会科学的繁荣昌盛

我们之所以把"马克思主义"产生以后的社会科学历史划分为"现代"和"当代"两个演进阶段，主要理由有两个：一是我们认为，"马克思主义"的产生在社会科学发展史上具有划时代的作用，即引起了社会科学的一场革命，它的核心思想——以唯物辩证法为代表的哲学世界观和方法论已经成为或正在成为一切科学认识的不可否认的理论基础和人类正确实践不可替代的指导思想；二是我们又必须承认，在第二次世界大战结束后，世界的政治、经济发生了很大的变化，不仅与马克思所处的时代有根本的区别，而且与 20 世纪 50 年代流行于各个社会主义国家的马克思主义教科书以及 20 世纪 80 年代国内外社会实践的现实已有相当大的差异和矛盾。

（二）自然科学的发展史

自然科学发展史依据历史事实，通过对科学发展历史过程的分析来总结科学发展的历史经验并揭示其规律。在漫长的自然科学发展史上，不少重大的突破推动了自然科学向前进一步的发展。

近代自然科学是以天文学领域的革命为开端的。1543 年，哥白尼公开发表《天体运行论》，这是近代自然科学诞生的主要标志。"日心说"的提出恢复了地球普通行星的本来面貌，猛烈地震撼了科学界和思想界，动摇了封建神学的理论基础，它是天文学发展史上一个重要的里程碑。这一时期，自然科学的发展成就辉煌，取得了一系列重大成果。科学的发展不是凭空进行，而是必须以已有的科学成果作为发展的起点。当时已有的天文学数学知识为力学的发展创造了前提，而力学发展较完善的状况又促成了哲学史上机械自然观的形成。因为从人的认识规律来看，人类对客观事物的认识总是从认识简单事物进而深化到认识复杂事物的，认识机械运动是科学认识的第一任务。

1755 年，德国著名哲学家康德出版了《宇宙发展史概论》，书中提出了著名的"星云假说"。康德的"星云假说"能较好解释太阳系的某些现象。康德的"星云假说"有力冲击了形而上学的机械自然观，是继哥白尼天文学革命后的又一次科学革命。

18 世纪 60 年代，英国开始了工业革命，这也是近代以来的第一次技术革命。不过，在第一次工业革命期间，许多技术发明大都来源于工匠的实践经验，科学和技术尚未真正结合。总之，在 18 世纪中叶以前，自然科学研究主要是运用观察、实验、分析、归纳等经验方法达到记录、分类、积累现象知识的目的。19 世纪是科学时代的开始。在天文学领域，科学家们开始论及太阳系的起源和演化。在地质学领域，英国的地质学家赖尔提出地质渐变理论。在生物学领域，细胞学说、生物进化论，孟德尔的遗传规律相继被发现。在化学领域，"原子-分子论"被科学肯定；拉瓦锡推翻了燃素说，并成为发现质量守恒定律的第一人；1869年，俄国化学家门捷列夫发表了元素周期律的图表和《元素属性和原子量的关系》的论文，其预言了十一种未知元素的存在，并在后来被一一证实。

20世纪四五十年代，第三次科技革命兴起。电子计算机的发明和应用是科技发展史上一项划时代的成就。蒸汽时代和电气时代的技术发明大都是延长人的四肢与感官功能，解放人的体力，而电子计算机却是延长了人脑的功能。它开始替代人的部分脑力劳动，在一定程度上物化并放大了人类的智力，极大地增强了人类认识和改造世界的能力，现在更是广泛渗透和影响到人类社会的各个领域。

第二节 科学精神与科学研究

一、科学精神概述

（一）科学精神的定义

科学精神是指坚持以科学的态度看待问题、评价问题而非借用非科学或者伪科学的手段。实事求是是科学精神的核心，开拓进取是科学精神的活力。另外，科学精神包括创新精神，以及坚持不懈、不怕困难、不辞辛劳、勇于创新的精神。

科学精神就是实事求是、求真务实、开拓创新的理性精神，基本可概括为：批判和怀疑精神，创造和探索的精神，实践和探索的精神，平权和团队的精神，奉献和人文的精神。具体的科学精神包含如下内容：

（1）理性精神。科学活动须从经验认识层次上升到理论认识层次，或者说，有一个科学抽象的过程。为此，必须坚持理性原则。

（2）实证精神。科学的实践活动是检验科学理论真理性的唯一标准。

（3）求实精神。科学须正确反映客观现实、实事求是，克服主观臆断。

（4）可重复和可检验。科学是正确反映客观现实、实事求是，研究规律并用于改造客观的知识。研究客观规律（在一定条件下，就必然出现的事情）就应具备可重复、可检验性。因此，掌握规律就可以预测和改造客观事物。例如，经济学就是研究物质交换的本质规律，而不是经济现象。

（5）求真精神。在严格确定的科学事实面前，科学家须勇于维护真理，反对权威、独断、虚伪和谬误。

（6）探索精神。根据已有知识、经验的启示或预见，科学家在自己的活动中总是既有方向和信心，又有锲而不舍的意志。

（7）创新改革精神。创新精神是科学的生命，科学活动的灵魂。

（8）虚心接受科学遗产的精神。科学活动有如阶梯式递进的攀登，科学成就在本质上是积累的结果，科学是继承性最强的文化形态之一。

（9）严格精确的分析精神。科学不停留在定性描述层面上，确定性或精确性是科学的显著特征之一。

（10）协作精神。由于现代科学研究项目规模的扩大，须依靠多学科和社会多方面的协作与支持，才能有效地完成任务。

（11）民主精神。科学从不迷信权威，并敢于向权威挑战。

（12）开放精神。科学无国界，科学是开放的体系，它不承认终极真理。

（13）实践精神。离开实践，科学毫无意义和真实性。

（14）批评精神。要勇于质疑传统、权威，坚持真理，敢于向其挑战。

（二）科学精神的层次

从结构来看，科学精神具有以下三个层次：

1. 认识论层次

主要表现为科学认识的逻辑一致性和实践的可检验性等规范，它们直接体现了科学的本质特征，构成了全部科学精神的基础。

2. 社会关系层次

美国著名社会学家默顿揭示的四条规范——普遍性、公有性、无私利性和有条理的怀疑论，就是这一层次上科学精神的基本内容。

3. 价值观层次

科学通过求真，可以达到求美、求善的目的，科学地把追求真善美的统一作为自己的最高价值准则，是科学精神的最高层次。

科学的伦理精神体现在以理性为基础、以创造为中介的各种关系之中，无论是理性精神，还是创造精神，其最终必然表现在人与自然、人与社会、人与人之间的关系中，伦理精神便是对相互关系的规范和调节。因此，伦理精神是整个科学精神结构的核心所在，科学精神不仅包含伦理精神，而且还外在表现为对人们行为的规范。

由混沌到文明，从弱小到健硕，回顾人类的发展历程，科学精神与人文精神相互交融，共同照亮了人类前进的道路。

（三）科学精神的内涵

周海中认为科学精神是推动社会进步的强大力量。李四光曾说："真正的科学精神，是要从正确的批评中和自我批评中发展出来的"。真正的科学成果，要经得起事实的考验。那么科学精神的核心要义究竟是什么呢？

科学精神是对科学知识体系、科学探索活动、科学程序的基本界定，其核心要义可概括为以下两点。

1. 追求逻辑上自洽，即追求知识的统一性、兼容性

新东西试图成为科学必须先努力做到与现有的知识体系兼容，当发现实在不行时，才能着手突破旧体系。创新要被认可，必须努力做到向下兼容。在这种意义上，科学并不宽容。如果科学很宽容的话，其体系就乱了，逻辑上很不自洽，科学也就不能称为科学了。不过，在具体掌握上，又有很大的灵活性，自洽也只是个相对概念，不可能严格达到逻辑学意义上的"相容性"（一致性）。但是，当今所有自然科学的确是相对统一的，各学科虽有所侧重，层次也不一样，但研究方法、知识构成、解释方式都有相通之处。

2. 寻求可重复的经验证据

现代科学是经验科学，要求所有理论都要付诸实践的不断检验，理论只有获得足够多的经验证据，才能被认可。特别地，证据应当是尽可能可重复的，不因时空位置变化、实验主体变化而不同。当然，实际情况也很复杂，特别是证据有不同的质量，不能单纯以数量为标准。此外，经验都是个别的，但理论命题都是全称的或者近似全称的，经验对于理论的支持永远是不充分的。于是，科学总是可错的，或者是原则上可证伪的。永远不可能出错的理论绝对不是科学。关于可重复性，具体情况也是复杂的，有些领域（如地质历史、物种进化和天文学）不可能做可重复的试验，需要使用各种对比方法（如有时用空间代替时间，通过空间的并存性推断时间上的演化序列）。伪科学常常不否认经验证据，但不强调可重复性或者可对比性，许多伪科学证据用双盲法就可揭穿，当然还有许多别的方法。

二、科学研究简介

（一）科学研究的起源

科学研究起源于客观活动中存在的问题，所谓的"科学研究"，实际上也就是指人们从事科学领域或学科范畴内的研究，是一个解决问题或矛盾的全过程。因此，想要很好地理解科学研究，需要从了解这些问题开始。

根据不同的分类标准，科学研究的问题大致有以下三种划分方式：

1. 根据研究问题的来源，可以将科学研究的问题分为经验问题和理论问题两类

经验问题关注的是经验事实与理论的相容性，即经验事实对理论的支持或否证，以及理论对观察的渗透，理论预测新的实验事实的能力等问题；概念问题关注的是理论本身的自洽性、洞察力、精确度、统一性以及与其他理论的相容程度和理论竞争等问题。科学研究提供的对自然界做出统一理解的实在图景、解释性范式或模型就是"自然秩序理想"，它使分散的经验事实互相联系起来，构成理论体系的基本公理和原则，是整个科学理论的基础和核心。

2. 根据人们研究问题的阶段过程，可以将科学研究的问题分为探索性问题、描述性问题和解释性问题三类

探索性问题的基本目的是提供一些资料，以帮助研究者认识和理解所面对的问题，常用于在一种更正式的调研之前帮助调研者将问题定义得更准确、确定相关的行动路线或获取更多的有关资料；描述性问题是指要描述某些事物，具体地说就是描述研究对象的特征或普遍规律，典型描述性问题的提出与研究，都是以有代表性的大样本为基础的；解释性问题则是对研究对象牵涉的相关变量进行深层阐述。

3. 根据研究问题的目的或顺序，可以将科学研究的问题分为基础型研究问题、应用型研究问题和开发型研究问题

基础型研究问题，主要是针对科学研究理论的构建与相关证据的寻找；应用型研究问题，主要针对科学研究成果的现实应用及相关问题的呈现与解决；开发型研究问题，主要针对科学研究的具体内容进行产品开发与创新。

一般而言，科学研究是指运用严密的科学方法，从事有目的、有计划、系统地认识客观世界，探索客观真理的活动过程，其本质是对研究对象所蕴含的研究变量或指标的共同本质（通过验证或证明）进行抽象和概括，以获得可运用于下一步活动的知识，使人们可以以这些知识为基础和前提，去解释和预测现实生活或实验室中的响应现象。直到有一天，当发现许多新的同类现象不能被原有知识解释，就会引发新一轮的研究活动，科学家又会进入下一轮新知识的构建以解释新现象的活动过程。我们现在能够学习和应用的各类揭示客观世界运行规律的知识，正是人类几千年来不断开展科学研究活动，进行未知世界探索所取得的成果。

（二）科学研究的定义

科学研究一般是指利用科研手段和装备，为了认识客观事物的内在本质和运动规律而进行的调查研究、实验、试制等一系列的活动，为创造发明新产品和新技术提供理论依据。科学研究的基本任务就是探索、认识未知。科学研究的内涵包含"整理、继承知识"和"创新、发展知识"两部分。《现代科学技术基础知识》中指出科学研究是指"反复探索"的意思。可以说,科学研究是在发现、探索和解释自然现象,深化对自然的理解,寻求其规律,容不得半点主观,这就是求真。科学研究是指探求反映自然、社会、思维等客观规律的活动,也就是说科研是对学术问题进行研究的活动。

(三) 科学研究的分类

科学研究起源于科学问题,因此由科学研究问题的分类可知,科学研究主要有以下两种分类方式:

1. 根据研究工作的目的、任务和方法的不同进行分类

(1) 基础研究,是对新理论、新原理的探讨,目的在于发现新的科学领域,为新的技术发明和创造提供理论前提。

(2) 应用研究,是把基础研究发现的新理论应用于特定的目标的研究,它是基础研究的继续,目的在于为基础研究的成果开辟具体的应用途径,使之转化为实用技术。

(3) 开发研究,又称发展研究,是把基础研究、应用研究应用于生产实践的研究,是科学转化为生产力的中心环节。

基础研究、应用研究、开发研究是整个科学研究系统三个互相联系的环节,它们在一个国家、一个专业领域的科学研究体系中协调一致地发展。科学研究应具备一定的条件,如需要一支合理的科技队伍、必要的科研经费、完善的科研技术装备以及科技试验场所等。

2. 按照研究目的划分

(1) 探索性研究,对研究对象或问题进行初步了解,以获得初步印象和感性认识,并为日后周密而深入的研究提供基础和方向。

(2) 描述性研究,是正确描述某些总体或某种现象的特征或全貌的研究,其任务是收集资料、发现情况、提供信息,描述主要规律和特征。

(3) 解释性研究,探索某种假设与条件因素之间的因果关系,探寻现象背后的原因,揭示现象发生或变化的内在规律。

三、科学研究的要素

科学研究的核心要素主要包括以下 8 点:

1. 研究问题:目的、对象、方法

研究目的主要包括研究的核心内容,想要达到的目标,要研究的目标参数或指标。研究对象是指研究的受试对象。研究方法主要指研究中产生目标参数或指标的手段,包括所采取的研究设计、所使用的干预方法、所采用的测量手段等。

2. 研究假设：自变量、因变量、限制条件

研究假设是对研究问题中具体函数关系的体现，是研究者根据经验事实和科学理论对所研究的问题做出的一种推测性论断和假设性解释。

3. 学科领域：学科特征、思维习惯、测量精度

研究特征主要说的是本体论，思维习惯说的是认识论，测量精度说的是方法论。每个研究者都会有自己特别了解的知识领域，也会有自己不那么了解的知识领域，在做研究时，应了解这个领域已形成的对该问题的看法、已形成的观点视角、认识和思考问题的习惯、对问题进行测量和表征的手段及精确程度。总体来说，研究者需要了解研究问题的目的、对象和方法这三点在各自单独的和交叉结合的领域的相关认知和研究进展。

4. 研究阶段：描述、解释、预测、控制、评价

该要素主要反映的是人类对问题认知的一个过程。根据人们认识与探索自然规律和社会规律或客观事实的认知过程，我们可以将整个认知和研究过程分为描述现象，解释原因，预测因果数量关系，使用因果关系大范围开展控制研究，评价各类控制手段性价比这五个阶段。

5. 研究类型：研究者的介入方式、对时间的截取

研究对象的相关参数发生改变，必然是有一定的原因，这个原因可能是研究对象所在环境现存的因素，可能是研究中特定施加的因素，因此根据研究者的介入方式和对时间截取的两个维度，可以将研究分为观察性研究和干预性研究，观察性研究包括只研究当前时间点的横断面研究，研究从过去到现在的回顾性研究和研究从现在到未来的前瞻性研究。干预性研究则是指研究者根据研究目的对研究对象施加干预措施，这些干预措施多作为研究的自变量，其引起的干预结果是研究的因变量。

6. 研究方法：与取证对象或数据携带者的交互方式

具体来讲，研究方法有以下五类：

（1）观察法：通过客观的观察记录数据。

（2）访谈法：通过采访交流获取数据。

（3）调查法：通过问卷调查获取数据。

（4）试验法：通过生物、化学、物理等试验和测量来获取数据。

（5）数据挖掘法：通过对已存在于信息系统中的资料进行调阅从而获取数据。

7. 研究工具：打捞目标数据的文本及变量集合

该要素主要包括访谈提纲、调查问卷、量表三类。访谈提纲是学者在采访前所草拟的任务大纲，其涵盖了采访活动的目的、采访过程的操作以及可能发生的情况。调查问卷又称调查表或询问表，是以问题的形式系统地记载调查内容的一种印件。调查问卷通常是询问调查的关键。量表是一种测量工具，它试图确定抽象概念的定量化测量程序，对事物的特性变量以不同的规则分配数字，因此形成了不同测量水平的测量量表。

8. 研究设计：回答研究假设的主流程设计和保障研究信效度的质控策略

该要素包括获得研究结果以回答研究假设的主流程设计，回应研究问题与研究假设，以及保障研究信效度的质量环，包括研究样本选择、无关变量控制等。

四、科学研究的基本步骤

科学研究的流程主要有以下六步：

（一）选择比较有意义的研究方向

选择研究方向时要结合自身所学，根据实际以及所在科研机构的实验条件，选择切实可行的研究方向。注意研究方向不能跨度太大，不能超过自己所钻研的领域，并且研究者应该对此研究方向比较有把握。另外，选择研究方向时要多与相关领域的学者或者专家交流，不可闭门造书，要多与他人交流，了解此领域研究的最新动态。

（二）阅读相关文献以及文献综述并进行相关归纳总结

在阅读文献时，并非是多多益善，要有选择性的阅读，应该阅读最近几年国内外比较权威的文献，特别是对国外文献要重点仔细阅读，一般选择影响因子比较高的期刊或者杂志。阅读的文献要与所选的研究方向联系比较紧密，不能脱离得太远。文献阅读不能只读不记，要根据所阅读的文献进行相关的归纳，最好能写一篇相关的文献综述，这样对大的研究方向就比较有把握，便于定下具体的研究课题。此外，阅读文献时应注意文章所引用的参考文献出处，以便追根溯源。

（三）根据所阅读的文献情况确定科研课题

科研课题，即研究的题目，是依据研究目的、通过对研究对象的主客观条件进行分析而确定的研究问题。课题使研究的目的具体化，使研究活动指向特定的对象和内容范畴，选题是科学研究的起始环节，若掌握不好，会"差之毫厘，谬以千里"。著名的物理学家爱因斯坦曾说，"提出一个问题比解决一个问题更重要"，他认为解决问题也许只是一个数学上或实验上的技能而已，而提出新的问题却需要有创造性的想象力，而且标志着科学的真正进步。孔子早就讲过，"疑是思之始、学之端"。陶行知指出，"发明千千万，起点是一问"。这都说明了围绕工作实践提出问题、确定课题的重要性。选题是一个深思熟虑的创造性认识过程，它需要研究者遵循一定的原则、规律，使用科学的方法。例如，"现阶段中学生思想状况分析研究"和"中学生课外阅读指导研究"两个课题研究的对象相同，但研究的内容与方法却不同。好的课题应界定研究的范围、内容及所采用的主要研究方法。

科研课题的确定是一个循序渐进的过程，包括如下几步：

（1）最初提出笼统的课题。提出课题，往往是在阅读、研究有关领域的文章中或在教育教学实践过程中，受到某一点启发，产生联想，从而形成一个初步的研究课题。

（2）对所研究的课题、所涉及的对象和范围进行大略的调查了解，主要是了解该问题目前被关注的程度以及涉及研究对象的现状。

（3）查阅有关的主要资料，弄清前人在这方面的研究成果、采用的研究方法以及所遇到的障碍等。

（4）根据主客观条件确定研究课题。随着思考的深入和所掌握的资料，原来朦胧的想法逐渐变得集中、清晰和明确，从而形成如何进一步研究该问题的初步思路，最终确定研究课题。

科研课题的确定应根据所阅读的文献来确定，其确定的原则可归纳为如下几点：①需要性原则，应从自己教育教学实际出发，以应用性研究为主，课题宜实不宜虚，宜近不宜远，避免空洞、抽象、不好操作，避免"吃别人嚼过的馍，重复他人"；②科学性原则，课题的科学性是指选题有事实依据和理论依据，必须符合科学原理和教育规律，必须有科学价值；③创造性原则，研究课题宜新不宜旧，争取有所发现、有所创新。

（四）根据课题设计相关实验，并完成实验

这一步是科学研究的实践阶段，就像真理需要实践来证明一样，科学的理论需要通过实验来验证。实验是科学研究的关键，实验进行的成功与否关乎着整个科研的成败，所以设计课题的实验时，要对课题所涉及的实验内容非常了解，包括实验材料、实验步骤、实验仪器、实验注意事项等。实验有时候工作量比较大，我们要注意分工合作，同时确保实验的准确性与真实性，切不可弄虚作假。

实验的设计应遵循如下原则：

1. 科学性原则

所谓科学性，是指实验目的要明确，实验原理要正确，实验材料和实验手段的选择要恰当，整个设计思路和实验方法的确定都不能偏离生物学基本知识和基本原理以及其他学科领域的基本原则。

2. 简便性原则

设计实验时，要考虑到：实验材料容易获得，实验装置比较简单，实验药品比较便宜，实验操作比较简便，实验步骤比较少，实验时间比较短。

3. 单一变量原则

单一变量原则是实验步骤设计中非常重要的原则，它有两层意思：一是确保"单一变

量"的实验观测,即不论实验中有几个实验变量,都应做到一个实验变量对应一个反应变量;二是控制其他因素不变,只改变其中某一变量,观察其对实验结果的影响。除了整个实验过程中欲处理的实验因素外,其他实验条件要求做到前后一致。

4. 对照原则

实验对照原则是设计和实施实验的准则之一。通过设置实验对照,既可排除无关变量的影响,又可增加实验结果的可信度和说服力。通常,一个实验常分为实验组和对照组。实验组,是接受实验变量处理的对象组;对照组,对实验假设而言,是不接受实验变量处理的对象组,至于哪个作为实验组,哪个作为对照组,一般是随机决定的,这样从理论上说,由于实验组与对照组的无关变量的影响是相等的,便被平衡了,故实验组与对照组两者之差异,则可认定为是来自实验变量的效果,这样的实验结果是可信的。

5. 平行重复原则

平行重复原则,即控制某种因素的变化幅度,在同样条件下重复实验,观察其对实验结果影响的程度。任何实验都必须能够重复,这是具有科学性的标志。上述随机性原则虽然要求随机抽取样本,能够在相当大的程度上抵消非处理因素所造成的偏差,但不能消除它的全部影响。平行重复的原则就是为解决这个问题而提出的。

6. 通过实验然后讨论得出比较有创新性的结论或者验证自己预先的猜想

这一步是总结收获阶段,一个伟大的科学家也许对做实验不会非常在行,但他却善于总结,善于从实验中发现我们常人不能发现的结论,这需要平常的观察与锻炼。这一步是对所获得实验数据或现象进行仔细的分析,通过计算机相关软件处理,然后总结或归纳出比较有创新性的科学理论或成果。

7. 发表文献或者将所研究的成果应用到实际生产中

一项研究要想被同行或者大众接受,就必须将它推广开来。发表文献与实际应用是实验研究成果推广开来的最好途径。发表文献时要注意文献的写作格式并运用科学的语言,选择合适的期刊投稿,不可盲目投稿,同时要注意投稿时间的选择。只有将实验成果推广开来,自己的研究成果才能说得上是真正开花结果了。

第三节 MBA 学位论文的基本组成及写作要点

MBA 学位论文的结构应该内容完整、层次清晰、合乎逻辑、比例恰当,论文从整体上看应有重点、有中心,不应泛泛而谈。对于 MBA 学位论文写作结构,并不存在统一的硬性规定或固定的结构模式,常见的结构包括标题、摘要、关键词、目录、绪论、正文、参考文献、注释、致谢、MBA学位论文原创性声明及版权使用授权书、附录十一项内容。

一、标题、摘要及关键词

标题、摘要和关键词是读者最先接触到的要素,它们构成了学位论文的"门面",构建一个漂亮的"门面"需要掌握一定的方法和技巧。

(一)标题的写法

标题是读者最先接触的要素,是学术论文主要内容和主旨的体现,好的标题能够反映论文的精神和主题,让人一看就明白作者要说什么。因为标题与论文全文具有逻辑上的高度一致性,标题的好坏直接影响着论文的好坏,因此作者应当重视标题的写法。

1. 标题的要求

(1)标题的字数要求。标题是学术论文内容的精练概括,一般一篇论文的题目不超过20个字,外文标题一般不宜超过10个实词。一些高校对标题的字数有着明确的规定,如清华大学要求MBA学位论文的中文题目要严格控制在25个汉字以内。

(2)标题的写作要求。MBA学位论文的标题应该同时满足专业性、准确性、创新性、简洁性四个要求。

①专业性。一个好的标题,要使人能够一眼看出这篇论文研究的是什么专业问题,具体研究的是哪个方面的问题。要写出高质量的学位论文,一定要拥有一个专业性的标题。

②准确性。一个好的标题要根据需要准确拟定,不能模棱两可。MBA学位论文的标题与论文的主旨要一致,应避免标题太大,超过论文论述的问题,也要避免标题太小,不能涵盖整篇论文的内容。

③创新性。只有新颖独特的标题,才能让人眼前一亮,从而激起读者的阅读兴趣。

④简洁性。标题作为论文的"门面",要一针见血,用最少的字表达出论文的主旨,让读者一目了然。标题过长让人产生烦琐和累赘的感觉,得不到鲜明的印象,从而影响对文章的总体评价。

2. 标题的分类

标题虽样式繁多,但是无论采取何种形式,都要全面体现出作者写作的核心。学位论文的标题一般分为总标题、副标题和分标题三种。以下对它们分别加以介绍:

(1)总标题。总标题是文章总体内容的体现,以表达论文主旨为出发点,其要求是精练、醒目,能恰如其分地概括文章内容,它有以下三种常见的写法。

①揭示实质型。这类标题在MBA学位论文中比较常见,它们高度概括全文的内容,往往就是文章的中心论点,如《对维达公司招聘制度的研究》。

②提问型。这类标题采用疑问的形式,将自己要表达的看法隐含在标题之中。实际上作者的观点是明确的,只不过语意婉转,需要读者加以思考罢了。这种形式的标题观点含蓄,更容易引起读者的注意,如《私有企业怎样加强核心竞争力?》。

③交代内容型。这类形式的标题也比较普遍,从其本身来看,只是对文章内容做出了限定,看不出作者所要表达的观点。当文章的主要论点难以用一句简短的话加以概括时,可以采用这类标题的形式。同时,采用交代内容型的标题时,可引起同行读者的注意,以求引起共鸣,如《试论经济全球化对中国企业的影响》。

(2)副标题。若简略的标题不足以显示论文内容,则可利用副标题来点明论文的研究对象、内容或目的,对总标题加以补充说明。如《工程项目实施过程中的质量控制——以千斯门大桥项目为例》。

(3)分标题。设置分标题的主要目的是清晰地展示文章的层次,使文章脉络清晰、便于阅读。分标题应该是对总标题的层层解析,有的分标题是用文字把某个层次的中心内容高度概括;有的分标题也用数字符号,表明"一、二、三"等的顺序,从而起到承上启下的作用。无论采取哪种形式,都要紧扣所属层次的内容,考虑到上下文的紧密联合性。

3. 标题写作的主要问题

标题写作中主要存在以下几个方面的问题:

(1)标题过大或过小。论文标题太大,涉及的范围很广,需要研究的问题就很多,而学位论文的写作时间有限,一般是半年到一年,作者的经历和学识都是有限的,不可能对一个很大的问题分析得很透彻,仅一篇论文无法完成对该问题的研究;相反,若论文题目过小,就无法涵盖论文所研究的全部内容,论文题目无法与论文相对应,名不副实。

(2)标题太长。论文的标题应简洁精炼,用最少的字表达出文章的主旨。

(3)标题用词含糊,主题不够鲜明。准确性是拟定论文标题时首先要考虑的最基本要求,要用准确的文字表达出论文的主旨,不应模棱两可,似是而非。

(4)修饰语过多。有的论文题目修饰语过多,重点不突出,虽然反映出了文章的研究内容,但题目会给人拖沓冗长的感觉。

(二)摘要的写法

摘要又称概要、内容提要,它放在论文的首篇,是全文内容的缩影,读者只需要阅读摘要,就能快速了解全文的主要内容。如果读者读过摘要后,能清晰地了解作者的论点,就会抱着一种期待的心态继续阅读后面章节的内容。因此,花精力写好摘要可以说是"一本万利"的事情。

1. 摘要的内容

摘要是对"论文的内容不加注释和评论的简短陈述",它是全文主旨的凝练,摘要既要简短又要独立成文，准确精练的文字表达尤为重要，要抱着"惜字如金"的态度来遣词造句。摘要名称直接取为"摘要"，不要叫"中文摘要""内容摘要"等。

摘要的篇幅大小一般被限制为论文总字数的2%～5%，MBA学位论文的摘要只需500～600字。中文摘要一般用第三人称来写，其中不应出现公式、图表，不引用文献，也不应该出现注释和评论。摘要的内容一般包括以下几点。

（1）首先，要有几句话说明论文选题的背景和研究的问题；

（2）其次，开门见山地叙述对所研究问题提出了什么新的论点和见解；

（3）再次，描述作者围绕新论点或见解所做的论证工作内容，包括从哪几个方面论证此新论点，所采用的方法和工具以及论证工作中的特色内容；

（4）最后，简要说明经过论证的新论点或见解，以及此新论点的意义所在。

2. 摘要的分类

按摘要的功能来划分，常见的学位论文的摘要有报道性摘要、指示性摘要、指示—报道性摘要三种。

（1）报道性摘要。报道性摘要是在高度概括论文内容的基础上写成的，着重于报道论文研究的目的、方法及主要结果与结论，在有限的字数内向读者提供尽可能多的定量或定性信息，充分反映该论文的创新之处。报道性摘要的信息量应等同于原文，能让读者不阅读全文就可掌握原文的主旨。

（2）指示性摘要。这类摘要比较简单，它只给读者指明论文的主题和内容梗概，给读者一个简略的印象，并不定量地告诉读者文章的具体内容，所包含的信息量不等同于原文。指示性摘要通常是定性地说明论文的研究背景、范围、对象、目的、理论方法以及结论。

（3）指示—报道性摘要

报道性摘要较为详细，指示性摘要较为简略，而指示—报道性摘要介于这两者之间，兼具报道性摘要和指示性摘要的特点。这类摘要以报道性摘要的形式表述论文中价值较高的部分，其余部分以指示性摘要的形式表述。

无论采用哪种形式的摘要，MBA学位论文的摘要一般都应包括论文的研究背景、范围、对象、目的、理论方法以及结论。

3. 摘要的写作要求

摘要有两大功能，它不仅能让读者尽快了解论文的主要内容，判断是否有必要阅读全篇论文，从而为读者节省大量时间，而且为二次文献的选录和汇编提供了方便，可使高质量的学术论文广泛传播。因此，一篇好的摘要应该具备以下5个特点。

（1）准确完整性。摘要应该准确反映论文的内容，不应包括论文中没有出现的内容，也不能遗漏文章的主要内容和观点。摘要是一篇完整的短文，可以独立使用和引用，应该讲清楚论文的研究范围、对象、目的、方法和结论等，保证其内容的完整。

（2）简练性。因为摘要的长度有限，所以摘要中的每一个句子都要简明扼要，尽可能的简练，不含糊，无空泛、笼统的词语，并能最大限度地提供信息。

（3）非评价性。摘要是报告研究结果而不是对研究结果进行评价，不应在摘要中对论文内容做评价，尤其是不能进行自我评价。

（4）连贯性。摘要的写作应逻辑清晰连贯、措辞有力，有条理地讲清楚整篇论文的内容。

（5）生动性。写出的摘要应生动活泼，才能起到吸引读者的作用，要在措辞、表达方式和结构方面尽可能地展现文采。

（三）关键词

关键词是为了满足文献标引或检索工作的需要而从论文中选取出的词或词组，它是对论文主题的高度概括，能够揭示论文的主要内容，单独标写在摘要之后、正文之前，使读者在未看到摘要和正文之前便能对论文的主题一目了然，从而判断是否继续阅读正文。另外，关键词作为当前使用最普遍的文献检索标识，为读者检索文献带来了极大的便利，为读者节省了许多宝贵的时间。

1. 关键词的选取

关键词选取的数量按照 GB7713-87 要求，一篇论文应选取 3～8 个关键词，也就是说，最低不要少于 3 个，最多也不要超过 8 个。关键词选取的数量，在一定程度上与反映文献主题的深度密切相关，选取的关键词越多，解释文献主题就越深，可供检索、利用的概率也就越高。但并不是从文章里摘取几个词语就可以作为关键词，实际上关键词的用词是非常讲究的，需要遵循一定的规则。关键词的选取方法主要有以下两种。

（1）直选法，即直接从文献的题名、摘要和正文中选取作者的用语作为关键词。

（2）提炼法，有的论文的某些主题在题名、摘要，甚至在正文中表达不是很明确，但又隐含着某一主题内容，这时就要通过对文献题名、摘要和全文做主题分析并经过提炼后才能确定关键词。首先，进行主题分析。其次，分析需要标引的主题概念；最后，对选出的主题概念进行分析，把它们转换为单位名词或词组的关键词。

2. 关键词的选取要求

（1）关键词标引的次序应根据其含义由大到小，由内容到形式排列；

（2）关键词的逻辑组合应能表征论文主题内容；

（3）同义词和反义词不要同时选为关键词，以免自相矛盾。

3. 关键词写作的主要问题

（1）关键词不能画龙点睛，不能概括全文的核心内容；

（2）使用不便于检索的非专业术语，如将性质、特点、优点、缺点、研究、问题等作为关键词；

（3）排序顺序不当；

（4）中、英文关键词不一致，关键词翻译后不是对应的英文常用术语。

二、目录

由于MBA学位论文的篇幅较长，有较多的分标题，内容层次多，理论体系比较复杂，通常需要设置目录，目录一般放在正文的前面。设置目录主要有以下两个功能：①读者未阅读全文之前，通过目录可以对论文的结构、内容有大致的了解；②目录起到导读的功能，为读者选读论文中的某个部分时提供方便，节省时间。

（一）目录的写作要求

目录最常见的是用数字类型来表示，一般情况下建议采用三级标题的目录格式，MBA学位论文的目录应该包括论文中全部章节的标题及其页码。为了使目录发挥导读的作用，必须注意以下两点。

1. 准确性

论文的标题和页码与目录存在一一对应的关系，目录必须与全文的纲目相一致。

2. 完整性

目录必须是完整的，论文的各项内容都应该在目录中体现，不能遗漏，同时目录中也不能出现正文中不存在的内容。一般来说，应先打印正文，再进行目录的校对，能有效避免遗漏问题的发生。

（二）目录写作的主要问题

目录写作中主要有以下三个问题。

（1）标题或页码遗漏；

（2）标题与页码未对齐、不美观；

（3）标题或页码与正文中的分标题及对应页码不一致，自相矛盾，给读者的阅读带来麻烦。

三、正文

正文是MBA学位论文的主体，它是对自己研究工作的详细表述，占据论文的最大篇幅。正文要求内容充实，论据充分、可靠，论证有力，做到层次分明、脉络清晰、逻辑通畅。不同的论文研究内容不同，正文结构通常由绪论、论证章节和结论三个主要部分组成。

（一）绪论

绪论也叫序论、导论、前言，对于学位论文，绪论是正规的称谓和写法。它是指在著作开篇，概括论文整体内容、研究要点及相关方法的部分。

绪论部分的任务是告诉读者论文的概貌，阐述论文的选题、论文的主要研究方向、自身论文的创新点、使用的研究方法以及其他需要说明的问题，绪论部分的语言要严谨、精练、明确。

1. 绪论的结构

学位论文绪论部分的结构大同小异，通常包括研究背景、问题的提出和陈述、国内外研究现状、研究的目的和意义、研究的思路和方法、论文的结构和内容六个部分。下面具体介绍各部分内容。

（1）研究背景。论文所研究的问题都是基于一定的组织和环境的，研究背景具体介绍所研究问题的组织和环境特征。研究背景为接下来的论述做铺垫，使读者更容易理解论文的写作意图，跟着作者的思路慢慢深入，直至得出结论。研究问题的提出总有一定的背景，一般来说，不外乎两种，一种是理论背景，另一种是实际背景。对于专业学位论文来说，更应强调实际背景。

从写作角度来说，首先，研究背景要描述清楚研究对象所处的现实环境；其次，要描述清楚令人疑惑的现实问题，这一段要结合事例和数据来写，让读者感到提出的问题有现实意义；最后，概括产生该现实问题的原因，形成各种可能提出的管理问题。在此基础上，再用专业术语提炼出研究问题。

（2）问题的提出与陈述。绪论应开门见山地提出要研究的问题，通过描述问题让读者了解论文的方向、范围和内容。将问题描述清楚很重要，如果连研究的问题都写不清楚，那么研究的目的和意义就无从谈起，研究的思路和方法就没有针对性。

（3）国内外研究现状。文献的阅读和对既有研究的了解是任何一项研究活动的起点。国内外研究现状是对自己所看论文的一个总结，就是简述或综述别人在本研究领域或相关课题研究中做了什么，做得如何，有哪些问题被解决了，哪些问题尚未被解决，以便为自己的课题研究提供一个背景和起点，同时也有利于自己的课题找到突破口和创新点。这部分内容是在研究和实践现状的基础上，指出现有研究的不足或欠缺之处，让读者感到有进一步研究的必要。

①国内外研究现状的写作步骤。国内外研究现状的写作通常包括三个步骤：首先，在写作该部分之前，作者要先把收集和阅读过的与论文选题有关的专著和论文整理出来，从中选取最具代表性的文章和作者；其次，在写作过程中，将整理出来的主要观点进行概括和阐述，并且标明具有代表性的作者及其发表观点的年份；最后，分别指出国内外研究者

在该研究领域中的不足之处，即还有哪些方面没有涉及，还否存在研究空白，还有哪些问题没有被解决，需要进一步研究。

②国内外研究现状的作用。撰写国内外研究现状，可以为自己的论文写作奠定一个坚实的理论基础，能够表明作者对既有研究的归纳和梳理能力，同时为作者今后继续延伸该研究提供契机。

③国内外研究现状写作中应注意的问题：国内外研究现状部分的内容，要反映最新研究成果；专业学位论文要强调应用，所以不要过多介绍概念及其发展历史，同时要注意避免在研究现状中出现过长的引文，不要将没有真正理解的研究列入其中。

（4）研究的目的和意义。论文的研究目的，就是为什么要研究这个问题，它一般包括：指出现有研究的不足、描述研究问题、表述本论文的论点、简述研究工作的内容。

论文的研究意义，就是阐述做了此项研究之后得出的结论对现实生活或生产实际会产生怎样的效用。一般来说，论文的研究意义可以从以下四个方面来写：①对本企业的意义；②对行业的意义；③对社会、国家的意义；④对理论研究的意义等。

（5）研究的思路和方法。绪论要对所研究的问题简要地提出研究思路和方法，便于读者了解研究的大致思路和采用的主要研究方法。除了积极和缜密的思考之外，还需要如实并详细汇报研究的过程。

（6）论文的结构和内容。论文的结构就是论文的编排形式，它包括论文分几个章节、每个章节有哪些主要内容。绪论要对主要章节做一个简要的内容描述，这样能使读者对该论文有一个整体印象，也便于读者了解后面各章节的内容。通过介绍论文的结构和内容可以让读者在宏观上掌握论文的内容布局情况。

2. 绪论的作用

读者一般是先看摘要和结论，接下来再看绪论。正文开头写得好，便能激起读者的阅读兴趣。写好绪论，对完成论文初稿是关键性的一步。绪论具有以下三个方面的作用。

（1）引起读者的兴趣。好的绪论能使人眼前一亮，引起读者继续阅读与寻找问题答案的兴趣。

（2）快速入题。读者可以通过绪论的内容迅速了解全文的主旨，实现开门见山，直切主题。

（3）前后呼应。绪论的内容涵盖了正文中的主要内容，包括研究的内容、方向、理论方法和意义等，与正文的内容前后呼应、逻辑严密。

3. 绪论写作应避免的主要问题

（1）内容不全。绪论部分的任务是交代论文的研究背景、研究问题、国内外研究现状、研究的目的和意义、研究的思路和方法、论文的结构和内容等，如果写作的内容不全，就无法使读者通过绪论了解整篇 MBA 学位论文的概貌。

（2）绪论的结构过于简单。绪论的结构和内容部分不能仅仅列出论文的具体章节名称，还要适当介绍各章节的主要目的、内容以及相互之间的关系。

（3）研究目的和意义与所要研究的问题相脱节。研究的目的和意义与所要研究的问题应该是密切相关的。但是，如果绪论的"研究问题"部分缺失，或者对所要研究的问题不太明确，会导致研究的目的和意义与要研究的问题不太相关，即该论文所做的研究不能有效地实现文中所阐述的研究目的和意义。

（4）研究背景过于宽泛。由于篇幅问题，研究背景要尽可能精简，应该删除与研究问题不相关或者相关性不强的内容。

（二）论证章节

绪论写完后，就要在后续论证章节内论证所提到的论点。撰写论文的论证章节是在相关资料和数据的基础上进行的，它也是文章中最重要的部分，体现了最终成果。论证部分需要安排多少章，要根据论文待论证的论点数目和所采用的论证方法来决定，论证部分的结构随论点的论证方法而不同。每个论点不一定都要自己论证，有些是前人已论证过的，可以直接引用已有的研究成果作为论据，但一定要标明信息来源。

根据作者论证的论点，论证方法可以分为实证论证和理论论证两种，其中实证论证比较常见。实证论证包括实验法、问卷法、现有统计数据法等，理论论证又可分为两种方式，即理论推导和数学模型推导。

专业学位论文一般都属于实证论证型，这里我们着重介绍实证论证型论证部分的结构。实证论证的内容由两部分组成，即论证方法和数据分析。

1. 论证方法

学位论文中，对方法的说明是不可或缺的。论证方法部分一般包括研究对象的描述，以及数据资料收集方法的说明。

（1）研究对象的描述

MBA 学位论文的研究对象包括个人、组织和社会产品。研究中，出现频率比较多的是个人和组织。描述内容要说明研究对象的总体特征，如研究对象是企业，则要交代所属产业类型、规模、所有制等。描述总体特征的目的，是让从事类似研究的读者能判断出该研究结果的适用范围。描述对象还要描述从总体中抽取样本的方法，是随机抽样还是非随机抽样，样本的规模有多大等。

（2）数据资料收集方法的说明。这部分内容包括变量设计和数据收集工具及其步骤的说明。

①变量设计。论点的实证论证，实际上是从论点所含变量的数据收集开始的。数据收集方法取决于变量的性质，论点所涉及的变量不一定可以直接测量，它有个从名义变量转

换为操作变量的变量设计过程。例如,论证某个因素对企业绩效的影响,"企业绩效"就是名义变量,它不能直接度量,但可以用财务报表的实际数据来度量。

变量设计中还有一个问题要交代清楚,就是名义变量转换成操作变量的根据,只有将其交代清楚了,才能使读者认同这些指标的可靠性。

②数据收集工具及其步骤。由名义变量转换后得到的操作变量的性质,决定了数据收集是采用实验法、问卷法、现有统计数据法还是访谈法。不论采取哪种方法,都要对该方法的要点做出说明。例如,采用问卷法就需要说明问卷的研发过程,问卷的精度和有效性,事前测试和事后问卷修改情况,计分方法等内容,同时还应描述问卷分发和收回的情况。

2. 数据分析

数据分析是一项统计学知识运用较多的工作,数据分析的方法根据操作论点和数据收集的情况有不同的选择。

(1) 分析方法。数据处理和初步分析是根据待论证的论点,将实验观察等原始数据或二次数据进行统计学处理,并用相应的文字或图表表达出来,以供在定量分析中应用。学位论文中常用到多元回归和线性结构方程等统计分析方法,在论文中介绍这些方法时,要反映本论文研究的特点和个性,而不是照搬教科书上已有的内容。

若用到复杂的统计学计算,则应说明使用的是哪种软件,如果在求解方法等方面有改进之处也应该写上。

要注意的是,在阐述分析方法时,书本上已经有的知识就不必写在论文里面,如在介绍多元回归时,就不必把最小二乘法求回归系数的原理再说一遍,否则就会冲淡自己的研究内容。另外,也不能单单阐述分析方法而不见后续内容。

数据分析结果有可能支持也有可能不支持原来的假设,不支持的结果同样是有价值的,可起到证伪的作用。根据不支持的分析结果反过来修改原假设,也是比较常见的事。

(2) 分析结果。这部分描述统计方法分析数据的结果,所描述的一定是本研究得出而前人没有论述的内容,通常用文字、图表或表格来显示数据分析的结果,接着说明这些结果对研究假设的支持情况。数据分析可能包括一些与预期不一致的问题,也可以在这部分加以解释。

(三) 结论

结论是一篇 MBA 学位论文的收尾部分,它是以研究成果为前提,经过严密的逻辑推理和论证所得出的最终结论。

1. 结论的组成

MBA 学位论文的研究结论通常由三部分构成:研究结论、不足之处、后续研究或建议等。

（1）研究结论。结论的内容不是对研究结果的简单重复，而是对研究结果更进一步的认识。结论的内容和论文摘要相呼应，摘要是结论的骨架，在摘要的基础上充实一些中间结果和数据就可以构成结论的主体。

论文的结论主要是由研究背景、研究问题、国内外研究现状、研究方法、案例分析与资料整理等研究得到的，其核心的结论是正文部分的案例分析与研究结果得出的结论与观点。研究结论必须清楚地表明论文的观点，包括由什么理论背景作支撑，对实践有什么指导意义等。如果用数字来说明效果会更好，说服力也更强。研究结论的描述不能含糊其辞，模棱两可，避免让人产生似是而非的感觉，从而怀疑论文的写作意义。

（2）不足之处。在结论部分也应当指出论文研究的不足之处，表明论文的局限性，包括研究假设、研究资料的收集以及研究方法方面的不足之处，为未来的研究者在该领域的进一步研究指明方向。还可以对应用本研究结果要注意的问题进行说明，作者完成一项研究工作，总是希望有人能对其继续深入研究和推广，以体现出自身研究的价值。作者对自己研究的强项和弱点最清楚，所以要指出论文的不足之处，作为深入研究和推广中的注意点。

（3）后续研究或建议

最后，作者还应对后续值得研究的问题提出建议。结论部分是论文正文的终点，也是今后工作进一步开展的起点，起到关节点的作用，所以要对今后该项研究演变的可能性做出交代。

论文是围绕主论点展开的，但在这个过程中常常会出现一些令人感兴趣的发现。这些发现由于主题的限制，不能在文中深入讨论，但是也有其研究价值，作者可以将这些发现写出来，以便让同行继续进行研究。

2. 结论写作应注意的问题

要写好结论，应该注意以下三个方面的问题：

（1）在结论部分，一般不要提出新的观点，因为如果有新的观点或新的议题，可能会淡化论文原有的观点，使论文的结构阐述不清。

（2）结论应简明扼要、逻辑严谨、用词得当，容易被人理解。同时，不应夸大其词，不应出现类似于"本研究具有国际先进水平""本研究结果属国内首创""本研究结果填补了国内空白"等语句。

（3）要避免画蛇添足，尽量避免用"广告词"，认为该论文研究成果如何好、如何准等。结论的写作必须基于论文的真实研究，体现出论文的特点和特色。

四、参考文献

参考文献是在学术研究过程中，对某一著作或论文整体的参考或借鉴。MBA 学位论文的研究成果通常是在前人研究成果的基础上取得的，如果涉及前人已发表或研究过的成果，就必须列出参考文献。

（一）参考文献的作用

对于一篇完整的 MBA 学位论文，参考文献是必不可少的。归纳起来，参考文献的作用主要体现在以下几个方面。

（1）便于作者自己校对引文内容。

（2）反映研究者的研究基础。科研工作是具有继承性的，大多数研究成果是对前人研究的一种深化和拓展。

（3）尊重前人或他人的研究成果。参考文献是前人研究成果的一种表现形式，论文作者有引用参考文献的权利，也有著录参考文献的法律义务。引用了他人的研究成果，就必须列出参考文献，否则会被认为是抄袭或剽窃行为。

（4）反映论文作者的科学态度。MBA 学位论文参考或借鉴他人的科研成果是很正常的，也是任何一位科研工作者无法回避的。如实地标明参考文献是每一位作者必备的素养，也表明了论文作者尊重知识、尊重科学、尊重他人的科学态度。

（5）向读者推荐一批经过精选的文献。参考文献能为读者深入探讨某些问题提供有关文献的线索，帮助读者查阅原始文献。

（6）节约论文篇幅。在 MBA 写作中，如果把所涉及的内容全都写下来，容易造成论文内容烦琐、重点不明确。规范列出所引用的参考文献，不仅可使语言精练，也能节省篇幅，使论文达到篇幅短、内容精的要求。

（二）参考文献的引用原则

参考文献是 MBA 学位论文的必要组成部分，它不仅是严谨学术精神的体现，更是评价论文学术水平的一个重要依据。写好学位论文的参考文献是至关重要的，它关系一篇论文的写作水平。具体的参考文献的引用原则如下。

（1）论文中加注的文献都要能在参考文献中找到，同时，清单中列出的所有文献在论文中都要有被引用和加注之处。换句话说，论文引用文献和清单列出的文献要相匹配。

（2）参考文献中列出的论文，作者自己一定要阅读过原文，不可满足于间接引用。因为每个人的知识结构和观察视角不同，对同一篇论文的论点会有不用的理解，尤其是外文文献，如果照搬第二手、第三手的说法，容易偏离原文作者的本意。

（3）只著录在国内外公开发行的报刊或正式出版在图书上的文献。在仅供内部交流的刊物上发表的文章和内部使用的资料，尤其是不宜公开的资料，均不能作为参考文献著录。一般国内外学术会议上交流的论文也不宜作为参考文献著录。

（4）参考文献要和论文内容密切相关，要反映最新的研究成果。若文献或书籍等资料过时，就不能反映最新成果，这是需要避免的。

（5）要采用规范化的著录格式。MBA学位论文作者要熟练掌握和执行国标GB7714—87《文后参考文献著录规则》，采用顺序编码制，不分文种，不按编著者姓名字母排列顺序。顺序编码制是指按MBA学位论文中所引用文献出现的先后顺序，用阿拉伯数字连续编码，并将序号置于方括号内，在正文中标注为上角标。

五、致谢、MBA学位论文原创性声明及版权使用授权书

致谢、MBA学位论文原创性声明及版权使用授权书是MBA学位论文不可缺少的部分，它们在论文中各自发挥着不同的作用。

（一）致谢

致谢是论文作者感谢所有对其学位论文做出贡献的组织和个人的文字记载。一项科研成果往往不是一个人可以独自完成的，它总要通过学习、借鉴前人或他人的研究成果，也需要各方面人力、财力、物力的支持和帮助。在发表研究成果时，写上几句感恩的话肯定并感谢他人的付出，不仅是出于礼貌，也是尊重他人贡献的体现。要注意的是，致谢应本着实事求是的态度，避免使用浮夸庸俗之词。

致谢内容要真诚，不能千篇一律或随意抄袭，否则就失去了原有的意义。致谢时应注意以下几个问题。

（1）致谢内容应尽量具体。致谢的对象应是对论文工作有实质性帮助和贡献的个人或组织，致谢中应尽量指出相应对象的具体帮助和贡献，避免将作者认识的所有人都不分轻重地统统囊括其中。

（2）投稿前应请所有被感谢的对象阅读论文的定稿（尤其是致谢部分），以获得允许或默认。

（3）不要为了包装自己的论文，在论文中公开致谢未曾参与工作，甚至未阅读过该论文的知名专家。

（二）MBA学位论文原创性声明

论文原创性声明是论文的法律体现，保证作者的作品符合法律规定，它是作者对其论文工作的独立性和诚实性的一种承诺。近年来，有关学术剽窃的丑闻不断涌现，学术不端问题已经成为学术界关注的热点问题。论文原创性声明有利于遏制论文抄袭、剽窃等学术不端现象。

这部分内容一般放在论文的开头,也有些学校将它放在论文末尾。每所高校要求的原创性声明内容大同小异,大致的内容和格式如下:

本人郑重声明:所呈交的学位论文,是本人在导师的指导下,独立进行研究工作所取得的成果。除文中已经注明引用的内容外,本论文不包含任何其他个人或集体已经发表或撰写过的作品成果。对本文的研究做出重要贡献的个人和集体,均已在文中以明确方式表明。本人完全意识到本声明的法律责任由本人承担。

学位论文作者签名:×××
日期:×年×月×日

(三)版权使用授权书

研究意义较大、实用性较强的 MBA 学位论文可能会被学校保留或递送国家有关部门,论文将会被查阅或借阅。论文作者有权保护自己的作品不受侵犯,所以可以写具有法律意义的学位论文版权使用授权书,以防止自己的论文被违法盗用,影响作者的声誉。

不同高校对论文版权使用授权书的要求不同,大致的格式和内容如下所示:

本学位论文作者完全了解学校有关保留、使用学位论文的规定,同意学位论文保留并向国家有关部门或机构送交论文的复印件和电子版。允许论文被查阅和借阅。本人授权××大学可以将本学位论文的全部内容或部分内容编入有关数据库进行检索,可以采用影印、缩印或扫描等复制手段保存和汇编本学位论文。

本学位论文属于:
□ 保密,在□年解密后使用本授权书。
□ 不保密。
(请在以上方框内打"√")

学位论文作者签名:　　　　　　　　指导教师签名:
日期:　　年　月　日　　　　　　　日期:　　年　月　日

六、附录

附录是论文的附件,它不是论文的必要组成部分,一般列于参考文献之后。

(一)需要使用附录的情况

(1)为了论文材料的完整,但编入正文又有损于正文逻辑性的材料。这类材料包括比正文更为详细的信息，对于了解论文正文的内容具有重要的补充意义；

（2）由于篇幅过大或取材于复制品而不便编入正文的材料；

（3）不便编入正文的罕见珍贵材料；

（4）某些重要的原始数据、计算程序、数学推导、统计表、注释、计算机打印输出件等；

（5）MBA 学位论文研究过程中常常会运用到问卷调查、访谈观察、案例分析等研究方法，涉及的研究工具和具体的案例材料都可以在附录中展示，从而使读者更好地了解论文的研究过程。

（二）附录的形式

（1）补充有关数据、图、表、照片或其他辅助性材料；

（2）设备、技术、计算机程序、数学推导、结构图、统计表等。

（三）附录的写作要求

（1）认真检查附录内容的必要性。有必要的内容附上，没有必要的内容要坚决删除。另外，正文中占篇幅很大内容，甄别一下是否有些内容可以放入附录中，以减少正文的篇幅；

（2）附录内容要具体；

（3）有几种附录内容时，用大写正体 ABC 来区分，如附录 A、附录 B 等；

（4）附录要与正文连续编页码，每一种附录都要另起一页。另外"附录"二字要居中书写，单独占一行。

（四）附录写作中应避免的问题

（1）附录内容过多，尤其是将与 MBA 学位论文不太相关或根本不相关的内容添加到附录中，导致附录占据论文的大量篇幅，出现头轻脚重的现象；

（2）附录的排版格式出现问题，要严格按照附录的写作要求书写；

（3）该有的附录没有附上，如一些必要的问卷调查和访谈提纲等材料。

第四节 MBA 学位论文的写作步骤

MBA 学位论文的写作步骤就是作者在构思基本上完成之后，用书面语言把研究过程、主要观点、结论等按照论文写作的格式和要求写成文章的过程，每个步骤是否到位直接影响论文的质量。MBA 学位论文的写作步骤大体上可分为拟写提纲、撰写初稿、实施论证、论文的修改和校对、定稿五个环节。

一、拟写提纲

为了使论文重点突出、层次清晰、逻辑严密，动笔写论文之前要对文章进行整体规划，构建出一个整体的框架，即拟写论文提纲。提纲是论文写作的蓝图，是全篇论文的框架结构，从写作程序上来说，拟写提纲是撰写 MBA 学位论文的必要步骤。

（一）拟写提纲的作用

拟写提纲是十分必要的，它的意义主要体现在以下四个方面。

1. 可以体现作者的总体思路

提纲是由序码和文字一起组成的一种逻辑图表，编写提纲可以帮助作者从全局着眼，建立全篇论文的基本骨架，层次清楚、重点明确，使文章内容一目了然。

2. 有利于论文写作的安排

只要有了论文的提纲，作者就可以根据自己的实际情况安排写作的流程，机动地调整论文各部分的写作时间。有了提纲，也不一定按照从头到尾的顺序来写，可以先写论文中的任何一部分，再写其他部分，最后组合成篇；可以在一段时间内完成论文的初稿，也可以利用零碎的时间分散写作，然后串联成篇。

3. 有利于论文前后呼应

提纲可以帮我们树立全局意识，从整体出发，检验每一个部分所占的位置、所起的作用，每部分所占篇幅与其在全局中的作用是否对应，检验各部分之间是否逻辑通畅，每部分是否都为全局所需要。经过这样的考虑，论文的结构才能统一而完整。

4. 有利于及时调整，避免大返工

动笔前花点时间和精力，认真编写一个提纲，就能形成一个层次清楚、逻辑严密的论文框架，为后期写作铺就通畅大道。如果急于求成，不写提纲就匆忙动笔，论文可能写得逻辑不通、松散零乱，最终不得不大返工，欲速则不达。

（二）提纲的内容

拟写论文提纲首先要了解提纲的内容，提纲主要包括以下七个方面的内容。

（1）题目（暂拟，随后可以进行修改）；

（2）论文的宗旨和目的；

（3）中心论点所隶属的各个分论点；

（4）各个分论点所隶属的小论点；

（5）论证各小论点所需的论据材料（包括理论材料和事实材料）；
（6）各个层次所采用的论证方法；
（7）结论和意见。

（三）拟写提纲的要求

（1）拟写提纲时，要考虑各章节的含义是否相当，相互之间的逻辑关系如何，各部分在文中起什么作用，该用多大的篇幅，并且注意拟写提纲的详略。提纲一般来说，是由略到详，经过反复思考，逐步修改完成的。

（2）要通过数字标题反映论文的框架。通过数字标题来展示论文的框架，不仅可以突出论文重点，还可以使提纲清晰地表现论文的思路和结构。

（3）提纲基本骨架要清晰，要规范书写"章、节、目"三级标题，根据论文所要表达的内容进行编排之后，需要用"章、节、目"把各级内容一一呈现。

（4）小标题要简洁精炼，以保持版面的整齐和结构的清晰。切忌标题不清晰或累赘，影响读者了解论文的结构。

（四）拟写提纲的步骤

论文提纲的编写步骤可以分为以下六步。

（1）拟写标题。这个标题是暂时的，在论文初稿完成后还可以对其进行反复修改；

（2）写出总论点，即文章要表达的主要论点；

（3）合理安排全篇的布局，确定从哪些方面对总论点展开论述，从而形成骨架；

（4）论文骨架即章节确定之后，就要安排下面的论点，即确定二级标题和三级标题，再逐一考虑各个项目的下位论点，直到段一级，写出各段的段旨；

（5）依次考虑各个段的安排，把准备使用的材料按照顺序编码，以便写作时使用；

（6）全面检查斟酌，从整体性、系统性的角度谋篇布局，根据需要进行必要的增减。

（五）拟写提纲应注意的问题

拟写提纲是论文写作的必经之路，这其中存在两个主要的问题：一方面，由于对提纲的作用不明确，会有很多学生对提纲的拟写不重视，甚至随意应付，以至于在写作过程中缺乏整体的思维逻辑，对MBA学位论文各个部分认识不清楚，严重影响论文写作的进程；另一方面，有些同学虽然写了提纲，但由于对提纲编写的步骤和内容不了解，在编写过程中遗漏了提纲中的某些内容，导致提纲内容不完善，严重影响论文写作的进程与质量。

二、撰写初稿

按照拟写的提纲,运用书面语言,把自己的研究思想、研究过程、研究结果等整理成论文,也就是论文初稿。初稿的目的是要把所有想写的内容都表达出来,对全部试验数据和资料进行详细的分析和归类。论文初稿的撰写,是论文形成过程中最重要的环节,代表论文进入了实质性的写作阶段。

(一)撰写初稿的方法

撰写MBA学位论文初稿的方法,一般是按提纲顺序写,也可以打破顺序分段写,这两种方法各有优点,下面对这两种写作方法进行详细介绍。

1. 按照提纲顺序写作

论文提纲的排列顺序是经过作者反复思考得出来的、按照提纲的顺序写,先提出问题,再分析问题,最后解决问题,顺理成章。这种方法符合一般人的写作习惯,它的好处是全文贯通,一气呵成。如果对文章各部分的内容都很熟悉,各种材料也已经准备到位,就可以采用这种方法。

2. 打破顺序分段写作

由于MBA学位论文的篇幅比较长,各部分内容的成熟程度有先有后,要一口气全部写完不大可能,可以打破提纲的顺序,分段写作。作者的论述是逐步展开的,论文也是一部分一部分写出来的,所以完全可以成熟一块写一块,哪部分先成熟就先写哪部分,最终连接起来成为一篇完整的MBA学位论文。这种写法的好处是,作者能够集中精力写好每部分,有利于保证论文的质量。尤其对于写作经验少的作者来说,这种写法可以分散写作难点,逐个击破。采用这种方法写作时,要制订各阶段的写作计划,在保证各部分内容相对独立性的同时,又要保证全文的完整性和统一性。另外,还要注意掌握写作进度,避免将写作时间拉得过长,影响整个写作任务的完成。

(二)撰写初稿的一般要求

在整个MBA学位论文写作过程中,撰写初稿是最重要的一项工作,也是最需要花费精力的工作。虽然初稿只是论文的一个毛坯,但却是下一步进行加工的基础,不能因为它是初稿就草率行事。为了提高写作效率,撰写初稿时应该按照以下四个要求进行。

1. 紧扣中心论点,着眼全局

中心论点是文章的灵魂,是文章内容的核心。论文写作的全过程,都要围绕中心论点展开,要以论文观点能够确立和使人信服为原则。不仅材料的取舍、结构的安排要以中心论点的表达为依据，就连遣词造句都要以论点为中心。只有紧扣中心论点，着眼全局，写出来的论文才能重点突出、浑然一体，不至于杂乱无章。

2. 段落完整，和谐流畅

文章要写得自然流畅，除了要重点突出，把握全局各部分之间的内在逻辑联系之外，还要全文段落完整。构段是文章的基础，构段要完整统一：首先，要保证段义明确，段义不能杂乱；其次，要段义完整，段义不能残缺，一个段落要把一个意思说完整，不要把一个意思硬拆成两个段落来说；最后，要注意段与段之间的联系和衔接，同时要写好过渡句，使文章可以承上启下，前后呼应。

3. 语言精练，表达准确

MBA学位论文要求语言使用恰当、科学、严谨，不能似是而非，模棱两可。准确是一切学术论文语言表达的第一要求，包含事实准确、数字准确、事理准确，也包含用词恰当、句意明确、格式规范、逻辑严密等。论文的语言表达要简洁明了，避免重复累赘。

4. 写不出时不要硬写

"写不出"的原因是多方面的，可能是对所研究的问题认识不够充分，只停留在表面，没有透过现象看本质；可能是对问题分析得不透彻，没有从不同角度、不同层面进行剖析；可能是所需要的材料没有准备充分；也可能是对论文的主题、结构和语言表达还没想好等，这些原因都可能使论文写不下去。但"写不出"并不一定是坏事，反而暴露出自己写作中存在的问题，它说明作者的准备工作没有做好，写作时机还不成熟。这个时候，不能硬写，应该冷静下来，细心地分析写不出来的原因，回顾写作的每个环节，找出问题的关键所在。如果是材料方面的问题，就要进一步收集资料，等资料齐全后再接着写。如果是认识方面的问题，就要再搜集相关的理论和研究方法，对论文的写作对象做进一步的研究。

三、实施论证

论证，就是用论据通过一定的方法和方式证明论点的过程，这是写学位论文不可缺少的环节。论证过程是论文的核心，论证是否有力关系着论文的成败。

（一）论证的基本要求

1. 论点和论据相统一

论点和论据相统一是对毕业论文论证的最基本要求。只有论点和论据紧密结合，得出的结论才有足够的说服力。要做到论点和论据相统一，必须把握好论证这个环节，要充分挖掘论据的内涵，使论据尽可能全面地为论点服务，让论据的作用得到全面的发挥。在运用例证时，要对所用的事例进行仔细地分类整理，安排适当的顺序，避免事例的混乱。论点和论据不统一的情况有很多，如有观点而无材料、有材料而无观点、观点和材料的关系不统一等。

2. 逻辑严谨，层次清晰

学位论文的论证逻辑性相当强，必须首先考虑论证顺序，合理安排。保证论点和论据的统一是做到层次清晰的前提，在同一思维过程中，每个思维对象必须保持内容统一，所用的概念和判断都必须保持其自身内容的确定性，不能随意改变。论题随意变换，前后不呼应，层次清晰就无从谈起。

（二）论证的基本原则

论证本身有一定的规律，要遵循一定的法则，否则就会产生错误，使论点难以成立，整篇论文前功尽弃。论证时要坚持下面五个原则。

1. 忌论据虚假

论据必须是真实可靠的，绝不能为了论证而不加鉴别地乱用，假的论据是得不到真结论的。

2. 忌论点不明

论点是学术论文的思想灵魂，必须要鲜明和突出，若论点含混不清，就会犯"论题不明"的逻辑错误。

3. 忌偷换论点

中心论点必须贯穿全文，前后要保持高度的一致。在论证过程中，要围绕同一中心论点来论证，不能随意扩大或缩小论点的范围，更不能偷梁换柱。

4. 忌草率论证

论证的过程就是推理的过程，论点必须从逻辑推理中获取。论证还要遵循辩证逻辑的推理规则，按照辩证逻辑思维方法分析和研究事物的矛盾及发展，切忌草率行事，匆忙下结论。

5. 忌循环论证

所谓循环论证，就是在用论据证明论点的同时，又用论点来证明论据的可靠性，或用论点的变相说法作为论据。显然这种论证不过是在绕圈子，实际上什么也不能证明，论证只能以失败而告终。

四、论文修改

论文初稿完成以后，为了确保论文的质量，还必须进行全面、整体、严格的修改工作。本节将对MBA学位论文的修改进行详细的介绍。

（一）论文的修改

论文修改是不断加深对论文初稿所写内容的认识，并且不断优化选择论文表达形式直到定稿的过程。"不改不成文"，这句话说明了修改在论文形成全过程中的重要意义。在整个论文写作过程中，修改实际上是贯穿始终的，一篇论文的修改，不仅要在语言修辞等方面找毛病，更重要的是对全文的论点和论据进行再次推敲，使论文逐渐趋于完美。

1. 论文修改的作用和意义

修改是论文写作中一个非常重要的环节，从某种意义上可以说是具有决定性作用的环节。

（1）修改论文是提高论文质量的重要环节。为了提高论文的质量，必须对 MBA 学位论文的初稿进行修改。受作者思想认识水平和语言驾驭能力的限制，大部分论文出现美中不足或者不尽人意的现象是正常的，这也正是一篇具有学术价值的 MBA 学位论文需反复修改加工才能完成的原因。修改的目的就是追求语言表达的准确，使论文的质量在原来的基础上有大的提高。

（2）修改论文是提高作者写作能力的重要途径。学位论文的写作实际上是一种写作能力的综合训练，要提高作者的写作能力，既要多写，也要多改，好文章是改出来的。从某种意义上讲，会不会写论文可以用会不会修改论文来衡量，只有到了会写也会改的时候，才能说具有了一定的写作能力和水平。通过不断地修改论文，可以大幅度提高作者遣词造句和逻辑推理的能力。

（3）修改论文可以提高作者思考问题的广度和深度。对论文进行修改，使其趋于完善，这个过程是在更为严密的思维的指导下进行的，每一次修改也就意味着思维能力得到了进一步的提高。

（4）修改论文体现了作者严谨的学术态度。论文是写给别人看的，因此，作者必须抱着对读者、社会高度负责的精神进行论文初稿的修改。MBA 学位论文作为一种研究成果的表现形式，如果不能保证其科学性，不能保证其遣词造句的妥善性和行文的规范性，就会影响读者的阅读，产生消极的影响。因此，认真修改论文既是对他人负责，也是对自己负责，体现了作者严谨的学术态度。

2. 论文修改的内容

论文修改的目的是使文章能够更准确地表述研究成果，那么，就修改的内容而言，就是发现什么问题修改什么问题。具体来说，修改的内容包括修改观点、修改材料、修改结构、修改语言和标点等。

（1）修改观点。观点体现着论文的核心价值，是修改时应首先注意的问题。修改观点可以从两个方面进行：一是观点的订正，检查全文的论点以及由它说明的若干问题是否带有片面性或表达不准确，要进行反复的斟酌和推敲，如果发现问题，应重新查阅资料，对实验方法、数据等进行增补和改换；二是对观点的深化，作者应检查自己的论点是否与别人雷同，有无新意，如果全文或大多数观点都是别人已经阐述过了的，没有自己的新意，就应该从新的角度提炼观点，形成属于自己的见解。

（2）修改材料。论文初稿中的材料一般只是按序罗列，修改材料就是通过对初稿中罗列的材料进行增、删、换等，使文章观点明确，论点和材料达到协调统一。要把不足的材料补充完整，把空泛平淡的材料加以调换，把不真实的材料和与主题无关的材料删除。最后综观全文，所用的材料应该是质量可靠，充分而必要的。

修改材料一般分三步进行：

①核查校正。先不考虑论点、结构和语言，只核查材料本身是否真实可信。发现材料中的疑点和前后矛盾的地方，一定要搞清楚。

②增、删、换。根据中心论点和各分论点的要求，对罗列的材料进行增、删、改、换。若缺少材料或材料过于单薄，不足以说明论点，就要增加有代表性的新材料，使论证更加充分；若材料杂乱重复，或材料与论点不对应，就要删除，以突出论点；若材料过于陈旧平淡，没有代表性，就要进行调换，换上更加合适的材料。

（3）修改结构。论文的结构是作者思路的体现，是论文内容的组织安排，论文结构的好坏，直接影响着论文内容的表达效果。调整论文结构，要理顺思路，检查论文中心是否突出，层次是否清楚，段落的划分是否合适，段落之间的联系和过渡是否合理，全文是否能构成一个完整严密的整体。结构不宜做大的改动，修改要以有利于突出中心论点，准确表现文章内容为原则。

调整论文结构可以从三个方面入手：

首先，观察论文整体结构是否完整，论文的正文部分一般是由绪论、论证章节和结论组成，这三部分要各司其职、结构匀称、协调统一。论证章节要紧扣论题，层层深入，论证章节是论文的核心，是展开论证的重心所在，最能显示作者的研究成果和学术水平。把论文写好的关键是将论证章节写好。不管论证章节的内容多么复杂，都必须使论点和论据紧密融合，为表达中心论点服务。同时，结论部分要点明主旨，深刻有力，在表达简洁有力的同时，要使结论部分真正起到收束全文的作用。

其次，观察全文的层次段落安排是否合理有序。一篇论文，无论篇幅长短，它都是由若干层次段落构成。段落意思表达如何，段与段之间的衔接如何，各个层次之间的联系如何，这些都直接影响着论文的表达效果，关系到论文的质量。因此，在初稿完成后，对全文的各个层次段落进行整理和疏通，是尤为重要的。

最后，检查全篇结构是否严密。一篇论文的篇章结构，应该是一个逻辑严密的论证整体。论点与论据之间、中心论点与各分论点之间有着内在的必然联系。在检查论文初稿的结构时，如果发现论证结构松散，就要加以紧缩，删掉那些多余的材料，突出主旨。

（4）修改语言和标点，主要体现在以下两方面。

①语言是思想的载体，是表达思想的工具，要使文章写得准确生动，就必须在语言运用上反复推敲修改。首先，要表达清楚且简练，用最少的文字说明尽可能多的问题；其次，要注意文字表达的准确性，作为学位论文，对语言的要求最重要的就是准确性；最后，是语言的可读性，要将文章中平淡的话改成生动的，隐晦的改成明确的，含混的改成清晰的，笼统的改成具体的，使读者能够轻松愉快地阅读论文。

②标点符号是论文的构成要素之一，是文章的有机组成部分，若标点符号用得不恰当，就会影响论文内容的表达，甚至产生歧义。修改标点符号，主要是看标点符号的用法是否正确，以及调整点错位置的标点符号。

3. 论文修改的方法

每个人的思维方式不同，写作习惯也不同，所以修改论文很难有一个固定的方法，一般有效地修改方法有以下四种。

（1）热改法。热改法就是在论文初稿完成之后立即进行检查修改。此时作者对论文内容还比较熟悉，对原来的构思还印象深刻，有利于对在初稿写作中已经意识到却无暇顾及的缺陷和漏洞进行及时完善。但热改法的不足之处是，由于与初稿写作的时间间隔太短，作者的思维受到惯性作用的限制和束缚，可能产生认识上的误区，不易发觉需要修改的部分，从而削弱论文的质量。

（2）冷改法。跟热改法相反，冷改法是指论文初稿写好之后，不急于修改，而是先将它搁置一边，过段时间之后再修改的方法。初稿完成时，作者的思维难以跳出原有的圈子，难以发现初稿中的问题。只有把初稿搁上一段时间，再重新审查初稿，就容易摆脱原来固定思路的束缚，以客观清醒的眼光重新审视自己的研究，便容易发现一些原来未能发现的问题，此时再动笔修改，论文的质量就有很大的提升。写作实践证明，冷改法是一种行之有效的修改方法，但它也有缺点，一旦初稿搁置的时间久了，作者往往会对文章产生一种隔膜，难以重新进入深刻的思考。

（3）读改法。读改法就是修改论文初稿时，诵读文章，通过语感发现一些问题，是一种边读边改的修改方法。有些问题不容易看出来，往往读出来便会发现。这种方法主要是解决语句不通畅、意思含混、句子成分残缺、句与句或段与段之间衔接过渡不自然等毛病。

（4）求教法。这种方法是指初稿完成后，在自己反复修改的基础上，虚心请别人（老师、专家或同学）给予指点，然后再进行修改的方法。俗话说"当局者迷，旁观者清"，旁人能站在不同的角度上思考，能够客观地指出论文存在的问题，而后作者能在集思广益的基础上再对论文进行修改。这样一来，论文的质量会有较大幅度的提升。

在对 MBA 学位论文初稿的修改中，以上所介绍的几种方法各有特色，作者可以综合交叉运用。

五、论文校对、定稿

MBA 学位论文写作的最后一项工序就是校对。要把论文再完整地读一遍，此时不仅是在文字方面，还必须按照论文格式的要求加以校对，如字体、字号、行间距、排版、目录和正文的对应等问题。校对能使自己的论文趋于完善，不辜负自己之前所投入的时间和精力。比较好的方法是朗读，不要速读，要逐字逐句慢慢地读。

由于时间、经验等因素的限制，有些作者在很短的时间内就完成了论文的定稿，但论文质量达不到规定的要求。这种情况很可能是因为没有很好地对论文进行校对。在缺乏校对工作的学位论文中，常常会有错别字、目录内容与正文标题不符等问题，这无形中降低了整篇论文的质量。如果条件允许，可以请身边的朋友、同学帮忙校对，而不能无视校对工作，匆匆定稿。

MBA 学位论文的初稿经过多次认真修改和校对以后才能定稿。所谓定稿，就是指经反复多次修改的论文，再次送达指导老师审阅认可后，直到老师签署同意定稿字样为止。

本章要点

本章重点介绍了两个方面的内容：一方面，详细介绍了科学的定义，科学的分类，科学发展史，科学研究的要素与步骤，科学方法等；另一方面，详细介绍了 MBA 学位论文的一般组成内容、各个组成部分的重要性、写作原则和方法，写作过程中可能出现的问题与解决方法等。此外，还介绍了 MBA 学位论文写作的流程及其作用和一般要求。只有严格按照规范的写作流程，才能写出高质量的 MBA 学位论文。

思考练习

1. 简述科学研究的要素与步骤。
2. MBA 学位论文的写作过程大体上可分为哪几个环节？
3. MBA 学位论文写作过程中，拟写提纲的作用是什么？

第七章 数据分析

　　数据分析旨在从实际观测数据中发现变量的变化规律和变量之间的关联。数据分析的内容包括描述统计和统计推断，描述统计寻求众多观测数据的特征和简明的数据表述方式，如平均数、方差、标准方差、极值等。统计推断则是以样本信息对总体参数进行推断并检验分析。本章结合专业学位论文的要求，将讨论统计推断以及相关分析和多元分析等分析方法。

第一节 基本概念

一、总体和样本

根据研究目的确定研究对象的整个群体称为总体（population），从总体中选取出来的一部分被称之为样本（sample），样本中所包含的个体数目叫样本容量或大小（sample size），样本容量常标为 n，通常把 $n \leq 30$ 的样本叫小样本，将 $n>30$ 的样本叫大样本。抽样又有简单随机抽样、分层抽样、整群抽样、系统抽样等抽样方法。如我们要了解某国总统竞选的支持率，最直接的做法就是调查下全国每个选民，把支持的人数除以选民总数，就是支持率。但是这种做法不管是从成本上还是从难度上考虑，都不具有可操作性。因此，统计学中提出的可操作的方法就是抽样调查，对于全部的选民，我们称之为"总体"，抽选出来的选民就是"样本"，从样本反映出的信息中来推测总体状况。

二、原假设和备择假设

原假设（H_0）也叫零假设、无效假设或对立假设，原假设声明总体参数（如均值、标准差等）等于假设值。原假设通常是基于以往的经验，现成的理论或模型等提出的。备择假设（H_1）也叫研究假设，备择假设声明总体参数小于、大于或不同于原假设中的假设值。备择假设是研究者认为是真或者希望证明是真的内容。

假设有如下几个特点：（1）原假设与备择假设是一对完全互斥事件，在一项检验中，原假设和备择假设有且只有一项成立；（2）因为原假设假定总体参数未发生变化，所以"="总是在原假设上，尽管原假设也可能存在方向，但实际检验时只需要针对取"="时的情形；（3）由于备择假设是研究者希望通过收集证据予以支持的假设，一般情况下，建立假设时，先建立备择假设再确定原假设。

三、单尾检验和双尾检验

两者都是用来检验两总体关系的。当明确知道所比较的两者中，一组变量值优于（大于）或劣于（小于）另一组时，用单尾检验。如在进行两种药物疗效比较时，如果研究者明确知道甲药物一定好于乙药物，则可进行单尾检验。再如研究者只关心单侧的情况时，也采用单尾检验。例如，比较检验某产品的合格率是否不低于 90%，则也进行单尾检验。双尾检验用于检验无方向性的研究假设，通常假设检验的目的是两总体参数是否相等，如两个班级的学生的数学成绩是否存在差异。

四、显著性水平

由于样本与总体之间的统计特征值必然会有差异，研究者就需要从统计上来判断所存在的差异是显著还是不显著。具有统计显著性的差异，指的是有足够的理由相信这种差异并非抽样的随机误差，而是由某种因素引起的偏差。在假设检验中，当样本容量给定时，我们对产生误差的概率加以控制，使它小于或等于事先给定的水平，称此水平为显著性水平 α，它实际上是研究者选定的允许"原假设为真而予以拒绝"事件发生的概率，而我们通常求出的 P 值则是根据抽样样本数据算出来的，实际出现"拒绝原假设为真"的事件概率。围绕 α 值和 P 值，对推断结果进行解释的时候可能会出现 Ⅰ 类误差和 Ⅱ 类误差。

Ⅰ 类误差是指原假设正确而被错误拒绝的概率。研究者设定的 α 值越大，即允许"原假设为真而予以拒绝"事件发生的概率就越大，检验范围缩小，正确的假设被错误的拒绝，这就犯了 Ⅰ 类错误，"即冤枉良民"。如果设定的 α 值过小，检验范围将扩大，将错误的假设误认为正确，就犯了 Ⅱ 类错误，即"坏人漏网"。

五、数据集中程度

数据的集中程度所反映的是一组资料中各种数据所具有的共同趋势，即资料的各种数据所集聚的位置，它往往作为总体的代表水平同其他与之同质的总体进行比较。不同类型的数据用不同的集中趋势测度值，选用哪一个测度值来反映数据的集中趋势，要根据所掌握的数据的类型来确定，其中常用的指标有平均数、中位数和众数三类。

（一）平均数（mean）

平均数为集中趋势的最常用测度值，目的是确定一组数据的均衡点，常用于表示统计对象的一般水平，它是描述数据集中程度的一个统计量。

$$\bar{x} = \frac{x_1 + x_2 + \ldots + x_n}{n} \quad (x_1, x_2, \cdots, x_n; \ n\text{为样本容量})$$

（二）中位数（median）

将同一性质资料内所有观察值高低排序后找出正中间的一个作为中位数。如果观察值有偶数个，则中位数不唯一，通常取最中间的两个数值的平均数作为中位数。

中位数的计算公式为：

$$M_e = \begin{cases} x_{\left(\frac{n+1}{2}\right)} & \text{当}n\text{为奇数时，} \\ \dfrac{1}{2}\left(x_{\frac{n}{2}} + x_{\frac{n}{2}+1}\right) & \text{当}n\text{为偶数时。} \end{cases}$$

（三）众数（mode）

众数是统计学名词，是在统计分布上具有明显集中趋势点的数值，代表数据的一般水平（众数可以不存在或多于一个）。将同一性质资料内出现次数最多的那个观测值或出现次数最多的组的组中值称为众数，记为 M。

六、数据离散程度

数据的离散程度是指一组数据背离分布中心值的特征，反映各变数值远离其中心值的程度，其中常用的指标有极差、样本方差、变异系数等。

（一）极差（range）

极差又称全距，是一组数据的观察值中的最大值和最小值之差，公式表示为：

$$\text{极差} = \text{最大观察值} - \text{最小观察值}$$

极差的计算较为简单，但只考虑了数据中的最大值和最小值，忽略了全部观察值之间的差异。因此，极差往往反映的是一组数据的最大的离散值，而不能反映一组数据的实际离散程度。

（二）样本方差（sample variance）和标准方差（standard variance）

在概率论中方差用来度量随机变量和其数学期望（均值）之间的偏离程度。统计中的方差（样本方差）是各个数据分别与其平均数之差的平方和的平均数，用 s^2 表示。

$$s^2 = \frac{\sum_{i=1}^{n}(x_i - \bar{x})^2}{n-1}$$ （x_1，x_2，…，x_n；n 为样本容量，n-1 为样本自由度）

而标准方差是指各个变数的离均差的平方和除以样本自由度所得商的平方根，用 s 表示。

$$s = \sqrt{\frac{\sum_{i=1}^{n}(x_i - \bar{x})^2}{n-1}}$$ （x_1，x_2，…，x_n；n 为样本容量，n-1 为样本自由度）

（三）变异系数（coefficient of variability）

变异系数是指样本标准差和平均数的比值，当需要比较两组数据离散程度大小的时候，若两组数据的测量尺度相差太大，或者数据量纲不同直接使用标准差来进行比较不合适时，就应当用变异系数消除测量尺度和量纲的影响。

$$cv = \frac{s}{\bar{x}}$$ （s 为样本标准方差，$\bar{x}$ 为样本平均数）

七、数据分布形状

数据分布形状是数据的分布特性，也是衡量一组数据的第三个重要特征。用来描述数据分布形状的两个主要指标是峰度和偏度。数据的集中趋势与离散程度不同，峰度和偏度也是不同的。

（一）偏度（skewness）

偏度是统计数据分布偏斜方向和程度的度量，是统计数据分布非对称程度的数字特征。偏度衡量随机变量概率分布的不对称性，是相对于平均值不对称程度的度量，定义上偏度是样本的三阶标准化矩，计算公式为：

$$\text{skew}(x) = \frac{\sum_{i=1}^{k}(X_i - \bar{X})^3 F_i}{N\sigma^3}$$

（X_i 为数据分组的组中值，$\bar{X}$ 为样本均值，F_i 为 i 分组在总体中所占比例，σ 为样本标准差）

偏度系数与分布形态的关系是：
①当偏度系数 =0 时，表示分布曲线为对称分布；
②当偏度系数 >0 时，表示分布曲线为右偏分布，直观表现为右边的尾部相对于与左边的尾部要长，因为有少数变量值很大，使曲线右侧尾部拖得很长；

③当偏度系数 <0 时，表示分布曲线为左偏分布，直观表现为左边的尾部相对于右边的尾部要长，因为有少数变量值很小，使曲线左侧尾部拖得很长。

（二）峰度（kurtosis）

峰度是指频数分布曲线顶峰的尖平程度，统计上常以正态分布曲线为标准，来观察比较某一次数分布曲线的顶端尖平程度的大小。通过计算可以得到峰度系数，计算公式为：

$$\alpha = \frac{\sum_{i=1}^{K}(X_i - \bar{X})^4 F_i}{N\sigma^4}$$

峰度系数与分布形态的关系是：
①当峰度系数 =3 时，表示分布曲线与正态分布的陡缓程度相同；
②当峰度系数 >3 时，表示分布曲线呈尖顶峰度，为尖顶曲线，说明变量值的频数较为密集地分布在众数的周围，峰度系数值越大于 3，分布曲线的顶端越尖峭；
③当峰度系数 <3 时，表示分布曲线呈平顶峰度，为平顶曲线，说明变量值的频数分布比较均匀地分散在众数的两侧，峰度系数值越小于 3，则分布曲线的顶峰就越平缓。

在实际统计分析中，通常将偏度和峰度结合起来运用，以判断变量分布是否接近于正态分布。

第二节 统计推断

统计推断（statistical inference）是指在统计学中，研究如何根据样本数据去推断总体数量特征的方法。它是在对样本数据进行描述的基础上，对统计总体的未知数量特征做出以概率形式表述的推断。然而这种推断并非绝对正确，统计推断将此结论的可信任程度表达出来，从而判断所推结论的可信度。

一、统计数据类型

在统计学中，统计数据主要可分为四种类型，分别为定类数据、定序数据、定距数据和定比数据。

（一）定类数据

定类数据又称类别数据，是将所研究的对象分类。例如，把性别分成男女两类，把动物分成哺乳类和爬行类等。定类变量遵循两个原则：（1）类与类之间互斥；（2）每个对象都有可归类的类别。

（二）定序数据

定序变量是将同一个类别下的对象进行排序，即变量的值能把研究对象排列高低或大小，具有">"与"<"的数学特质。例如，文化程度可以设为"文盲=1""小学=2""初中=3""高中=4""大学=5""研究生=6"；对于外卖派送服务可以设置为"非常不满意=1""比较不满意=2""满意=3""非常满意=4"等。这些变量的值，既可以区分异同，也可以区别研究对象的高低或大小。定序数据不可以做四则运算。

（三）定距数据

定距变量是区别同一类别下个案中等级次序及其距离的变量。它除了包括定序变量的特性外，还能确切测量同一类别各个案高低、大小次序之间的距离，因而具有加与减的数学特质。但是，定距变量没有一个真正的零点，所以不可以做乘除的运算。

例如，在智商测试中，A测试出智商是140分，B测试智商为70分，我们不可以描述成"A的智商是B的两倍"，只能说两者相差70分，因为0值是不固定的，某人的智商是0分不代表没有智力，如果将其0值向上移动20分，则A的智商变为120分，而B变成50分，两者的相差仍是70分，但A却是B的2.4倍，而不是原先的两倍。

（四）定比数据

定比变量是区别同一类别个案中等级次序及其距离的变量。定比变量除了具有定距变量的特性外，还具有一个真正的零点，因而可以进行四则运算。例如，年龄和收入这两个变量，既是定距变量，又是定比变量，因为其零点是绝对的，可以做乘除的运算。例如，A月收入是60元，而B的月收入是30元，则我们可以得出A的收入是B的两倍。

二、统计显著性检验的类型

不同的数据集合都有相应的显著性检验方法，显著性检验一般可分为参数检验和非参数检验。

参数检验是以已知分布（如正态分布）为假定条件，对总体参数进行估计或检验，且要求参数检验的观测值必须独立，即观察值的出现不受抽样前后观察值的影响。参数检验运用的比较多，适用于定距和定比尺度的数据。

非参数检验则对总体分布不做严格规定，又称任意分布检验，但须符合观察值独立性的要求，适用于定类和定序尺度的数据。

选用显著性检验方法须考虑以下三点：（1）检验涉及的是单组样本，两组样本还是多组样本；（2）如是两组样本和多组样本，还要问样本数据是独立的（来自不同总体）还是相关的（配对样本）；（3）数据是定类、定序、定距还是定比尺度。

根据这三点，可以将各种显著性检验方法归类（见表 7-1）。从表 7-1 中可以看出，对于不同尺度类型，样本数和样本性质都有相应的检验方法，表中只讨论常用的一些方法。

表 7-1　显著性检验方法归类

样本量 尺度	单组样本	两组样本		多组样本	
		相关样本	独立样本	相关样本	独立样本
定类	χ^2 检验	McNemar 检验	χ^2 检验	Cochran Q test	χ^2 检验
定序	Kolmogorov-Smirnov	Sign test	Median test	Friedman	Median extension test
定距或定比	t 检验*	t 检验*	t 检验*	F 检验*	F 检验*

标有 * 的为参数检验，其余均为非参数检验。

三、单样本检验

单样本检验用于检验以某单一总体为背景的假设，根据不同的数据类型选用不同的检验方法，如对于定距或定比数据使用参数检验，即 t 检验。

（一）单样本 *t* 检验

单样本 *t* 检验是检验一个样本平均数与已知的总体平均数的差异是否显著。当总体分布是正态分布，如总体标准差 σ 未知且样本容量 $n < 30$，那么样本平均数与总体平均数的离差统计量呈 *t* 分布。检验统计量为：

$$t = \frac{\bar{x} - \mu}{\dfrac{\sigma_x}{\sqrt{n-1}}}$$

如果样本是属于大样本（$n > 30$）也可写成：

$$t = \frac{\bar{x} - \mu}{\dfrac{\sigma_x}{\sqrt{n}}}$$

其中，*t* 为样本平均数与总体平均数的离差统计量；$\bar{x}$ 为样本平均数；μ 为总体平均数；σ_x 为样本标准差；n 为样本容量。

【例 7.1】 某医生测量了 36 名从事铅作业男性工人的血红蛋白含量,算得其均数为 130.83g/L,标准差为 25.74g/L。问从事铅作业工人的血红蛋白是否不同于正常成年男性平均值 140g/L?(假设显著性水平为 0.05)

(1)建立检验假设

$$H_0: \mu=\mu_0=140g/L,\ H_1: \mu \neq \mu_0 \neq 140g/L$$

(2)选择统计检验方法:数据属于定比尺度,假定总体符合正态分布,各个观测值为独立的,故选择 t 检验。

(3)识别统计量并计算

$$t=\frac{\bar{x}-\mu}{\sigma_x/\sqrt{n}}=\frac{130.83-140}{25.74/\sqrt{36}}=-2.138$$

自由度 $df=n-1=36-1=35$

(4)规定显著性水平:$\alpha=0.05$

(5)双尾检验:$t_{0.05}<|t|=2.138<t_{0.02}$,$P<0.05$,则拒绝 H_0,接受 H_1。

(6)判断:结合本题可认为从事铅工作的男性工人平均血红蛋白含量不同于正常成年男性。

(二)卡方(χ^2)检验

χ^2 检验主要是比较观测值和期望值频次之间有无差异,属于非参数检验,涉及的数据都是定类数据,如"是""否""可行""不可行"等,主要是比较两个及两个以上样本率(构成比)以及两个分类变量的关联性分析。其根本思想就在于比较理论频数和实际频数的吻合程度或拟合优度问题。χ^2 值反映的是实际频数和理论频数的吻合程度,χ^2 值越大,越表明差异不是随机的,越有理由推翻原假设。χ^2 检验的基本公式为:

$$\chi^2=\sum\frac{(A-E)^2}{E}\ (A\ 为观察频数,E\ 为期望频数)$$

【例 7.2】 某种药物加化疗与单用某种药物治疗的两种处理方法,观察对某种癌症的疗效,结果见表 7-2。试问两种治疗方式的疗效有无差别?

表 7-2 两种治疗方法的疗效比较

处 理	疗 效		合 计
	有 效	无 效	
药物加化疗(A 疗法)	42	3	45
单用药物(B 疗法)	20	35	55
合计	62	38	100

（1）建立检验假设。

H_0：A疗法和B疗法疗效相同；H_1：A疗法和B疗法疗效不同

（2）选择统计检验方法：数据是定类数据，且为单样本数据，故采用χ^2检验。

（3）计算理论值

$$T_{RC} = \frac{n_R \cdot n_C}{N}$$

（R代表行，C代表列，n_R代表第R行的合计数，n_C代表第C列的合计数，N为总合计数）

$T_{11} = \frac{45 \times 62}{106} = 27.9$，$T_{12} = \frac{45 \times 38}{100} = 17.1$，$T_{21} = \frac{55 \times 62}{100} = 34.1$，$T_{22} = \frac{55 \times 38}{100} = 20.9$

（4）识别统计量并计算

$$\chi^2 = \sum \frac{(A-E)^2}{E} = \frac{(42-27.9)^2}{27.9} + \frac{(3-17.1)^2}{17.1} + \frac{(20-34.1)^2}{34.1} + \frac{(35-20.9)^2}{20.9} = 34.10$$

自由度：$df = n - 1 = 3$

（5）规定显著性水平：$\alpha = 0.05$

（6）确定临界值：按$\alpha = 0.05$，$df = 3$查χ^2临界表得$\chi_0^2 = 7.82$

（7）判断：计算出的χ^2值34.10大于临界值7.82，因此拒绝原假设，说明A疗法和B疗法疗效不同。

四、两组样本检验

两组样本情况下，统计检验的任务是判断两者是否有差异，或者是否来自同一总体。两组样本检验又可以分为双独立样本检验、两组相关样本检验。属于这类问题的有：不同班级学生成绩差异，治疗方法对病人治疗前后的效果检验等。

（一）双独立样本检验

双独立样本检验是比较两组来自独立样本空间的样本所代表的总体平均值是否有显著性差异，由于两个样本在抽取时并不存在对应关系，所以两个样本的数量可以不等。在管理研究中就常碰到这类问题，如检验两条生产线的产量是否有显著性差异。双独立样本检验，若是参数检验，则常用t检验。非参数检验则常用χ^2检验。

1. 独立样本t检验

独立样本t检验又称成组t检验，检验统计量为

$$t = \frac{\bar{X}_1 - \bar{X}_2}{\sqrt{\frac{S_1^2}{n_1} + \frac{S_2^2}{n_2}}}$$

$$df = n_1 + n_2 - 2$$

其中，$\bar{X}_1$、S_1 分别为样本 1 的平均值和标准差，$\bar{X}_2$ 和 S_2 分别为样本 2 的平均值和标准差，n_1，n_2 分别为样本 1 和样本 2 的容量。

【例 7.3】甲、乙两台机床分别加工某种轴承，轴的直径分别服从正态分布 $N(\mu_1,\sigma^2)$ 与 $N(\mu_2,\sigma^2)$，为检验两台机床加工的轴的平均直径是否一致（取 $\alpha=0.05$），从各自加工的轴中分别抽取若干根轴测直径，结果如表 7-3 所示，请判断甲乙两台机床加工的轴直径是否存在差异？

表 7-3 两台机床加工的轴的直径差异

总 体	样本容量	直 径
X（甲）	8	20.5 19.8 19.7 20.4 20.1 20.0 19.0 19.9
Y（乙）	7	20.7 19.8 19.5 20.8 20.4 19.6 20.2

2. t 检验

（1）建立假设检验

H_0：$\mu_1=\mu_2$，两台机床加工的轴直径无显著性差异

H_1：$\mu_1 \neq \mu_2$，两台机床加工的轴直径存在差异

（2）选择统计检验方法：因为数据属于定比数据，样本相互独立，样本容量小于 30，故选择独立样本 t 检验。

（3）识别统计量并计算

$$\bar{X}=19.925, \quad S_1^2=0.52, n_1=8$$
$$\bar{Y}=20.143, \quad S_2^2=0.273, n_2=7$$

$$t = \frac{\bar{X}-\bar{Y}}{\sqrt{\frac{S_1^2}{n_1}+\frac{S_2^2}{n_2}}} = \frac{19.925-20.143}{\sqrt{\frac{0.52}{8}+\frac{0.273}{7}}} = -0.676$$

$$df = n_1 + n_2 - 2 = 13$$

（4）规定显著性水平：$\alpha=0.05$

（5）确定临界值：按单边检测显著度 $\alpha=0.05$ 和 $df=13$，查 t 分布表得 $t_0=1.771$

（6）判断：$|t|=0.676<t_0$，故 $p>0.05$，表示不能拒绝原假设，因此认为两台机床加工的轴的平均直径一致。

3. 卡方（χ^2）检验

双独立样本的非参数统计检验采用 χ^2 检验，检验统计量为：

$$\chi^2 = \sum_{i=1}^{r}\sum_{j=1}^{k}(O_{ij}-E_{ij})^2/E_{ij}$$

其中，O_{ij} 表示数据矩阵中第 ij 项的实际观测值，E_{ij} 表示数据矩阵中第 ij 项的期望观测值。

【例7.4】某工厂管理者调查工人吸烟与工伤事故是否有联系。采用两组样本，每组40人，一组工人是前一年有工伤事故记录的，另一组工人则无工伤事故记录。通过个别访谈，询问其是否吸烟，烟瘾属于重度、中度还是轻度。访谈得出表7-4所示结果，括号中数字为期望观测值，即吸烟与工伤事故无关时应该出现的数字。

表7-4 吸烟与工伤事故关系的实际和期望观测值　　　　单位：人

	有工伤事故记录	无工伤事故记录	共计
烟瘾重	12（8）	4（8）	16
重度烟瘾	9（7.5）	6（7.5）	15
轻烟瘾	6（6.5）	7（6.5）	13
不吸烟	13（18）	23（18）	36
共计	40	40	80

假设检验过程如下：

（1）建立假设检验

H_0：吸烟者与不吸烟者发生工伤事故率无差异。

H_1：吸烟者与不吸烟者发生工伤事故率有差异。

（2）选择统计检验方法，采用 χ^2 检验。

（3）计算统计值 χ^2。按原假设，吸烟者与不吸烟者发生工伤事故率无差异，则有工伤事故记录组与无工伤事故记录组的吸烟人数比例应该一样。按此思路可算出表7-4的各项期望观测值，如表7-4中括号内数据所示，烟瘾重的人中有工伤事故记录的期望值为 $\frac{40}{80}\times 16 = 8$ 人。

按 χ^2 算式得出

$$\chi^2 = \frac{(12-8)^2}{8}+\frac{(4-8)^2}{8}+\frac{(9-7.5)^2}{7.5}+\frac{(6-7.5)^2}{7.5}+\frac{(6-6.5)^2}{6.5}+\frac{(7-6.5)^2}{6.5}+\frac{(13-18)^2}{18}+\frac{(23-18)^2}{18}=7.44$$

（4）选择显著度 $\alpha=0.05$。$df=(r-1)(h-1)=(4-1)\times(2-1)=3$。

（5）确定临界值根据 $\alpha=0.05$，$df=3$，查卡方临界表得 χ_0^2 为7.82。

（6）判断：计算的统计值小于临界值（7.44<7.82），故不能拒绝原假设，不支持吸烟者与不吸烟者发生工伤事故率有差异的说法。

（二）两组相关样本检验

如果一个样本中的值会影响另一个样本中的值，则说明这两个样本相关。两组相关样本是指两组样本中的人员或时间有密切相关或匹配的情况。例如，对同一群人抽取每个人在服药前和服药后的血压样本，则此检验为相关样本检验；若让一组人服用有效药物，让另一组人服用无效对照剂，然后比较这两组人的血压样本，此检验为独立样本检验。参数检验常用 t 检验。

成对样本 t 检验

成对样本 t 检验也叫两配对样本 t 检验，是根据样本数据对样本来自两配对总体的均值是否有显著性差异进行判断。利用来自两个正态总体的配对样本数据，来推断两个总体的均值是否存在显著差异，与独立样本的显著区别是样本必须匹配。抽样过程中两个样本的数据的获取不是相互独立的，而是互相关联的。匹配样本有两个特点：（1）两组样本容量相同；（2）两组样本的观测值先后顺序一一对应，不能随意更改。

【例 7.5】 某企业员工在开展质量管理活动中，为提高产品的一个关键参数，有人提出需要增加一道工序。为验证这道工序是否有用，从所生产的产品中随机抽取 7 件产品，首先测得其参数值，然后通过增加的工序加工后再次测定其参数值，结果如表 7-5 所示。试问在 $\alpha=0.05$ 水平上能否认为该道工序对提高参数值有用？

表 7-5 加工前后的产品参数值

序 号	加 工 前	加 工 后	差 值 D
1	25.6	28.7	3.1
2	20.8	30.6	9.8
3	19.4	25.5	6.1
4	26.2	24.8	-1.4
5	24.7	19.5	-5.2
6	18.1	25.9	7.8
7	22.9	27.8	4.9

（1）建立假设检验

H_0：该道工序对提高参数值没有用

H_1：该道工序对提高参数值有用

（2）选择统计检验方法：成对样本 t 检验。

（3）识别统计量并计算

差值的均值和标准差分别为：$\overline{D}=3.586$，$S_D=5.271$

$$t=\frac{\overline{D}}{S_D/\sqrt{n}}=\frac{3.586}{5.271/\sqrt{7}}=1.80$$

$$\mathrm{d}f=n-1=6$$

(4) 规定显著性水平：$\alpha=0.05$

(5) 确定临界值：按 $\alpha=0.05$ 和 $df=6$ 单尾检验，查 t 分布表得 $t_0=1.943$

(6) 判断：$t=1.80<t_0$，故 $p>0.05$，表示不能拒绝原假设，因此不能认为该道工序对提高参数值有用。

五、多组样本检验

多组样本检验是对多个研究样本的差异性进行检验的假设检验方法，通过比较多个研究样本总体数据分布的特征差异性，来比较各组数据之间的异同。参数检验时一般采用基于方差分析的 F 检验法。

F 检验的思路和 t 检验思路类似，t 检验判断因变量的差异是来自样本取样时产生的随机误差还是样本间的差异，F 检验则将误差分为两类，一类是样本组内误差，另一类是源于自变量不同处理带来的组间误差。F 值是个比例值，分子代表组间差异，分母代表组内误差，若组间误差显著大于随机误差，F 值将拒绝原假设。

【例 7.6】某医院用 3 种不同方法治疗 15 例胰腺癌患者，每种方法各治疗 5 例。治疗后生存月数如表 7-6 所示，请问这 3 种方法对胰腺癌患者的疗效有无差别？

表 7-6 种方法治疗胰腺癌患者的生存月数比较　　　　　　　　单位：天

	甲法		乙法		丙法		
	X_a	X_a^2	X_b	X_b^2	X_c	X_c^2	
	3	9	6	36	2	4	
	4	16	9	81	3	9	
	7	49	10	100	5	25	
	8	64	12	144	7	49	
	8	64	13	169	8	64	
$\sum X_i$	30		50		25		$\sum X_T=105$
$\overline{X_i}$	6		10		5		$\overline{X_T}=7$
$\sum X^2$		202		530		151	$\sum X_T^2=883$

(1) 建立假设检验

H_0：不同的治疗方案治疗胰腺癌患者无差别

H_1：不同的治疗方案治疗胰腺癌患者有差别

(2) 选择统计检验方法：由于是三个独立样本，定比尺度，选择 F 检验。

(3) 识别统计量并计算

差值的均值和标准差分别为：$\overline{D}=3.586$，$S_D=5.271$

$$F = \frac{MS_b}{MS_w} = \frac{SS_b / \mathrm{d}f_b}{SS_w / \mathrm{d}f_w}$$

式中，组间方差：

$$SS_b = \frac{(\sum X_a)^2}{n_1} + \frac{(\sum X_b)^2}{n_2} + \frac{(\sum X_c)^2}{n_3} - \frac{(\sum X_T)^2}{N}$$
$$= \frac{30^2}{5} + \frac{50^2}{5} + \frac{25^2}{5} - \frac{105^2}{15}$$
$$= 70$$

总体方差：

$$SS_T = \sum X_T^2 - \frac{(\sum X_T)^2}{N} = 883 - \frac{105^2}{15} = 148$$

组内方差：

$$SS_w = SS_T - SS_b = 148 - 70 = 78$$

组间均方差：组间方差 $SS_b = 55.3$，自由度为 $\mathrm{d}f_b = k - 1 = 3 - 1 = 2$，$MS_b = SS_b / \mathrm{d}f_b = 35$

组内均方差：组间方差 $SS_w = 78$，自由度为 $\mathrm{d}f_w = 3 \times (5-1) = 12$，

$$MS_w = SS_w / \mathrm{d}f_w = 6.5$$

算出 F 值，

$$F = \frac{MS_b}{MS_w} = \frac{35}{6.5} = 5.38$$

（4）规定显著性水平：$\alpha = 0.05$

（5）确定临界值：按 $\alpha=0.05$ 查 F 分布表，表中 $n_1 = k-1 = 2$，表示组间自由度；$n_2 = 3 \times (5-1) = 12$，表示组内自由度，查得 F 临界值为 3.89。

（6）判断：计算统计值大于临界值（5.38>3.89），拒绝原假设，表示不同的治疗方案治疗胰腺癌患者是有差别的。

第三节　数据分析方法

一、相关分析

相关分析（correlation analysis）是研究现象之间是否存在某种依存关系，并对具体有依存关系的现象探讨其相关方向以及相关程度，是研究随机变量之间相关关系的一种统计方法。它是描述客观事物相互间关系的密切程度并用适当的统计指标将其表示出来的过程。变量之间的相关关系有两种：确定型关系和不确定型关系。确定型关系是通常的函数关系，

如圆的面积与半径之间的关系等式 $S = \pi r^2$；不确定型关系，如人的身高与体重之间的关系，空气中的相对湿度与降雨量之间的相关关系等。相关分析是研究变量之间不确定型关系的统计方法。

两个变量之间的相关程度通过相关系数 r 来表示。相关系数 r 的值在 -1 和 1 之间，可以是此范围内的任何值。正相关时，r 值在 0 和 1 之间，散点图是斜向上的，这时一个变量增加，另一个变量也增加；负相关时，r 值在 -1 和 0 之间，散点图是斜向下的，此时一个变量增加，另一个变量将减少。r 的绝对值越接近 1，两变量的关联程度越强，r 的绝对值越接近 0，两变量的关联程度越弱。如果两变量间是函数关系，则 $r=1$ 或 $r=-1$；如果两变量间是统计关系，则 $-1<r<1$。

总体相关系数 ρ 定义为两个变量 X、Y 之间的协方差和标准差的比值：

$$\rho_{XY} = \frac{\text{cov}(X,Y)}{\sigma_X \sigma_Y} = \frac{E(X-\overline{X})(Y-\overline{Y})}{\sigma_X \sigma_Y}$$ （σ_X, σ_Y 分别为 X、Y 的标准差）

（一）相关分析的种类

1. 按相关的程度可分为完全相关、不相关和不完全相关

（1）完全相关：两种依存关系的标志，其中一个标志的数量变化由另一个标志的数量变化所确定，则称完全相关，也称函数关系，此时 $|r|=1$。

（2）不相关：两个标志彼此互不影响，其数量变化各自独立，称为不相关，此时 $r=0$。

（3）不完全相关：两个现象之间的关系，介乎完全相关与不相关之间称不完全相关，此时 $-1<r<1$。

2. 按相关的方向可分为正相关和负相关

（1）正相关：是指相关关系表现为因素标志和结果标志的数量变动方向一致。例如，在一段时期内出生率随经济水平上升而上升，这说明两指标间是正相关关系，此时 $r>0$。

（2）负相关：是指相关关系表现为因素标志和结果标志的数量变动方向是相反的。例如，在另一时期，随着经济水平进一步发展，出现出生率下降的现象，两指标间就是负相关关系，此时 $r<0$。

其中：① $|r|>0.95$，存在显著性相关；② $|r| \geqslant 0.8$，高度相关；③ $0.5 \leqslant |r|<0.8$，中度相关；④ $0.3 \leqslant |r|<0.5$，低度相关；⑤ $|r|<0.3$，关系极弱，认为不相关。

3. 按相关的形式分为线性相关和非线性相关

（1）线性相关：是指两个变量之间按比例成直线的关系。

（2）非线性相关：一般是指两个变量之间不按比例，不成直线的关系，代表不规则的运动和突变。

4. 按影响因素的多少可分为单相关和复相关

（1）单相关：如果研究的是一个结果标志同某一因素标志相关，就称单相关。

（2）复相关：如果分析若干因素标志对结果标志的影响，称为复相关或多元相关。

相关关系可用图 7-1 进行表示。

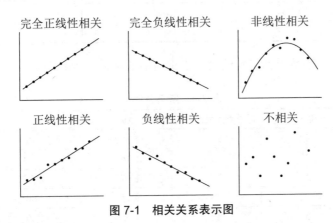

图 7-1 相关关系表示图

（二）相关系数的计算

1. 皮尔逊（Person）相关系数

皮尔逊相关系数也称皮尔逊积矩相关系数（Pearson product-moment correlation coefficient），它是一种线性相关系数，用来反映两个变量 X 和 Y 的线性相关程度，主要适用于定距数据相关关系的计算，文章中常用 r 表示；r 描述的是两个变量间线性相关强弱的程度，r 的绝对值越大表明相关性越强。

计算公式为：

$$r = \frac{\sum_{i=1}^{n}(X_i - \overline{X})(Y_i - \overline{Y})}{\sqrt{\sum_{i=1}^{n}(X_i - \overline{X})^2} \sqrt{\sum_{i=1}^{n}(Y_i - \overline{Y})^2}} = \frac{n\sum xy - \sum x \sum y}{\sqrt{n\sum x^2 - (\sum x)^2} \sqrt{n\sum y^2 - (\sum y)^2}}$$

皮尔逊相关系数的适用范围：

① 两个变量之间是线性关系，且都是连续数据；

② 两个变量的总体是正态分布，或接近正态的单峰分布；

③ 两个变量的观测值是成对的，每对观测值之间相互独立。

【例 7.7】某研究机构研究人的年龄和体内葡萄糖含量之间是否有相关关系，样本如表 7-7 所示，请试做相关性分析。

表7-7 不同年龄葡萄糖含量

数量	年龄（x）	葡萄糖含量（y）
1	43	99
2	21	65
3	25	79
4	42	75
5	57	87
6	59	81

根据皮尔逊相关系数根据给定的公式求出所需各项值得到表7-8：

表7-8 所需各项值

数量	年龄（x）	葡萄糖含量（y）	xy	x^2	y^2
1	43	99	4 257	1 849	9 801
2	21	65	1 365	441	4 225
3	25	79	1 975	625	6 241
4	42	75	3 150	1 764	5 625
5	57	87	4 959	3 249	7 569
6	59	81	4 779	3 481	6 561
∑	247	486	20 485	11 409	40 022

则有：

$$r = \frac{n\sum xy - \sum x \sum y}{\sqrt{n\sum x^2 - (\sum x)^2}\sqrt{n\sum y^2 - (\sum y)^2}}$$

$$= \frac{6 \times 20\,485 - 247 \times 486}{\sqrt{6 \times 11\,429 - (247)^2}\sqrt{6 \times 40\,022 - (486)^2}}$$

$$= 0.53$$

判断：相关系数的范围是从 -1 到 1，我们的结果是 0.53，说明人的年龄 x 和体内葡萄糖含量 y 之间具有适度的正相关性。

2. 斯皮尔曼（Spearman）相关系数

Spearman 相关系数评估两个定序或等级变量之间的单调关系。在单调关系中，变量倾向于同时变化，但不一定以恒定的速率变化。Spearman 相关系数基于每个变量的秩值而非原始数据。计算时要首先对变量值进行排序，对两个配对测量的变量 X 和 Y 的测度值在各自序列中求秩后，再根据公式进行计算。

计算公式为：

$$\rho_s = 1 - \frac{6\sum d_i^2}{n(n^2-1)}$$

其中 d_i 为对两个变量进行排序之后秩次的差值，n 为样本容量

【例7.8】 某工厂对工人的业务进行了一次考试，欲研究考试成绩与每月产量之间是否有联系，若随机抽选了一个样本，其考试成绩和产量数字如表7-9所示。

试求工人的考试成绩与产量之间是否存在相关关系？

表7-9 考试成绩和产量

工 人	考试成绩	产 量	等 级		d_i
			成 绩	产 量	
1	50	500	6	6	0
2	90	560	2	2	0
3	80	80	3	3	0
4	95	1 000	1	1	0
5	60	510	5	5	0
6	70	530	4	4	0

（1）从表7-9中的数字规律可以看出，工人的考试成绩越高其产量也越高，二者之间的联系程度是非常一致的，根据皮尔逊相关系数公式求出相关系数$r=0.676$。

（2）判断：r的值并不高，这是因为它们之间的关系并不是线性的，此时需要再来考察两个变量之间的单调性。

（3）按考试成绩和产量高低变换成等级，见上表第4列，第5列。

（4）求出每一对样本的等级之差d_i，然后用斯皮尔曼相关系数公式进行计算。

$$\rho_s = 1 - \frac{6\sum d_i^2}{n(n^2-1)} = 1 - \frac{6\times 0}{6\times(6^2-1)} = 1$$

（5）判断：说明这6名个人的考试成绩和产量之间是显著性相关，是单调性递增的。

3. 肯德尔（Kendall）相关系数

肯德尔相关系数用于反映分类变量相关性的指标，适用于两个分类变量均为有序分类的情况，取值范围在-1～1。在统计学中，肯德尔相关系数是以Maurice Kendall命名的，并经常用希腊字母τ（Tau）表示其值。当τ为1时，表示两个随机变量拥有一致的等级相关性；当τ为-1时，表示两个随机变量拥有完全相反的等级相关性；当τ为0时，表示两个随机变量是相互独立的。如评委对选手的评分（优、中、差），我们想看两位（或者多位）评委对几位选手的评价标准是否一致；或者医院的尿糖化验报告，想检验各个医院对尿糖的化验结果是否一致，这时就可以使用肯德尔相关性系数进行衡量。

假设两个集合分别记为X，Y，它们的元素个数均为N，两个随机变量取的第i个值分别用X_i、Y_i表示。X与Y中的对应元素组成一个元素对集合XY，其包含的元素为(X_i, Y_i)。当集合XY中任意两个元素(X_i, Y_i)与(X_j, Y_j)的排行相同时，也就是$X_i > X_j$且$Y_i > Y_j$，或者$X_i < X_j$且$Y_i < Y_j$，这两个元素就被认为是一致的。当$X_i > X_j$且$Y_i < Y_j$，

或者 $X_i < X_j$ 且 $Y_i > Y_j$，这两个元素被认为是不一致的。当 $X_i=X_j$ 或者 $Y_i=Y_j$，这两个元素既不是一致的也不是不一致的。

由于数据情况不同，求得肯德尔相关性系数的计算公式不一样，一般有两种计算公式。

（1）公式一：

$$Tan-a = \frac{C-D}{\frac{1}{2}N(N-1)}$$

其中，C 表示集合 **XY** 中拥有一致性的元素对数，D 表示集合 **XY** 中拥有不一致性的元素对数，N 为 X，Y 的元素个数。

注意：这一公式仅适用于集合 **X** 与集合 **Y** 中均不存在相同元素的情况（集合中各个元素唯一）

（2）公式二：

$$Tan-b = \frac{C-D}{\sqrt{(N_3-N_1)(N_3-N_2)}}$$

$$N_3 = \frac{1}{2}N(N-1), \quad N_1 = \sum_{i=1}^{s}\frac{1}{2}U_i(U_i-1), \quad N_2 = \sum_{i=1}^{t}\frac{1}{2}V_i(V_i-1)$$

N_1、N_2 分别是针对集合 **X**、集合 **Y** 计算的，将集合 **X** 中的相同元素分别组合成小集合，s 表示集合 **X** 中拥有的小集合数，U_i 表示第 i 个小集合所包含的元素数。例如，集合 **X** 为 {1 2 3 4 3 3 2}，则小集合为 {2，2}，{3，3，3}，$s=2$，$U_1=2$，$U_2=3$。同理可知，t 表示集合 **Y** 中拥有的小集合数，V_i 表示第 i 个小集合所包含的元素数。

注意：这一公式适用于集合集合 **X** 或集合 **Y** 中存在相同元素的情况，如果集合 **X** 或集合 **Y** 中均不存在相同的元素时，公式二便等同于公式一。

4. 三种相关分析方法的异同

（1）Pearson 相关系数是对定距或定比变量的统计，Spearman 相关系数是对定序变量的统计，Kendall 相关系数是对定类变量的统计。

（2）Pearson 相关系数评估两个连续变量之间的线性关系，Spearman 相关系数评估两个连续或顺序变量之间的单调关系。两个连续变量间呈线性相关时，使用 Pearson 积差相关系数，不满足积差相关分析的适用条件时，使用 Spearman 秩相关系数来描述。

（3）Pearson 相关系数要求两个变量的总体是正态分布，属于参数统计方法；Spearman 对原始变量的分布没有要求，是利用两变量的秩次大小进行线性相关分析，属于非参数统计方法，适用范围要广些；Kendall 相关系数适用于两个分类变量均为有序分类的情况，对相关的有序变量进行非参数相关检验。

（4）对于服从 Pearson 相关系数的数据亦可计算 Spearman 相关系数，但统计效能要低一些。Pearson 相关系数的计算公式可以完全套用 Spearman 相关系数计算公式，但公式中的 x 和 y 用相应的秩次代替即可。

最好始终用散点图来检查变量之间的关系，相关系数仅度量线性（Pearson）或单调（Spearman）关系，也有可能存在其他关系，如二次项关系。

二、回归分析

回归分析（regression analysis）是确定两种或两种以上变量间相互依赖的定量关系的一种统计分析方法，目的在于了解两个或多个变量间是否相关、相关方向与强度，并建立数学模型以便观察特定变量来预测研究者感兴趣的变量。回归分析运用十分广泛，其按照涉及变量的多少，分为一元回归和多元回归分析；按照因变量的多少，它又可分为简单回归分析和多重回归分析；按照自变量和因变量之间的关系类型，它还可分为线性回归分析和非线性回归分析。

（一）多元回归模型的建立

当变量之间存在显著的线性相关关系时，可以建立如下的线性回归模型来表述这种关系。总体线性回归模型为：

$$Y_i = \beta_0 + \beta_1 X_{1i} + \beta_2 X_{2i} + \cdots + \beta_n X_{ni} + \mu_i$$

Y_i——因变量的第 i 个观测值；
X_i——自变量的第 i 个观测值；
β_i——标准化后的回归系数；
μ_i——误差项，是一个不可观测的随机变量，又称为随机干扰项或随机误差项。

线性回归模型参数的估计方法通常有两种：普通最小二乘法和最大似然估计法。最常用的是普通最小二乘法。

给定一组样本观测值 (X_i, Y_i)（$i=1, 2, \cdots, n$）要求样本回归函数尽可能好地拟合这组值。普通最小二乘法（ordinary least squares，OLS）给出的判断标准是：二者之差的平方和最小。

$$Q = \sum_{1}^{n}(Y_i - \hat{Y}_i)^2 = \sum_{1}^{n}[Y_i - (\hat{\beta}_0 + \hat{\beta}_1 X_i)]^2$$

其中，Y_i 为实际观测值，$\hat{Y}_i$ 为回归拟合值，$\hat{\beta}_i$ 为估计回归系数，标准化的系数 $\widehat{\beta}_i$ 具有权重的含义，表示各个变量相对的重要程度，如 $\beta_1=0.2$，$\beta_2=0.4$，则表示 x_1 的影响是 x_2 的两倍。

（二）回归分析和相关分析之间的联系

回归分析和相关分析都是对变量之间不严格依存关系的分析，在理论基础和方法上具有一致性。只有存在相关关系的变量才能进行回归分析，相关程度越高，回归分析结果越可靠。回归分析与相关分析的区别在于回归分析中所研究的两个变量，必须根据研究的目的，确定出哪个是自变量，哪个是因变量。相关分析中所研究的两个变量无此之分，对两个变量 x 和 y 来说，相关分析中只能计算出一个相关系数，而回归分析中有时可以根据研究目的的不同建立两个不同的回归方程。

回归分析和相关分析是互相补充、密切联系的，相关分析需要回归分析来表明现象数量关系的具体形式，而回归分析则应该建立在相关分析的基础上。在相关分析确定了变量之间相关关系的基础上，采用一定的计算方法，建立起变量间数量变动关系的公式，并根据一个变量的变化来估计或预测另一个变量发展变化的研究方法，就是回归分析。

【例 7.9】某学校评估学生的考试成绩与哪些因素有关，选择学校的教学水平（x_1），学校的硬件设施（x_2），学生的作业量（x_3）作为自变量。请利用统计软件 SPSS 处理该回归方程。

SPSS 和其他统计软件一样，提供选择自变量的方法，变量筛选一般有两种途径，一种是较通用的逐项添加法，从一元回归分析开始，逐步加入那些引起相关系数 R^2 增幅最大，对因变量最有解释意义的自变量。另一种是消去法，先构建研究者认为重要的多个独立变量的回归方程，然后从中删去那些引起 R^2 变化最小的变量。

逐步添加法的计算过程可用一个算例来表示（见表 7-10）。

表 7-10　回归分析举例

变量筛选									
模型	R	R^2	调整后 R^2	估计值标准差	统计值变化				
					R^2 变化	F 变化	df_1	df_2	$\alpha=0.05$
1	0.879	0.772	0.771	0.6589	0.772	612.696	1	181	$p=0.000$
2	0.925	0.855	0.854	0.5263	0.083	103.677	2	180	$p=0.000$
3	0.935	0.873	0.871	0.4937	0.018	25.597	3	179	$p=0.000$

模型 1：含一个自变量，学校的教学水平。

模型 2：含两个自变量，学校的教学水平和学校的硬件设施。

模型 3：含三个自变量，学校的教学水平、学校的硬件设施和学生的作业量。

表 7-11

系数						
模型	回归系数	标准差	标准化回归系数 β	t	$p(\alpha=0.05)$	共线性值 VIF
1. 常数	0.579	0.151		3.834	0.000	
学校的教学水平	0.857	0.035	0.879	24.753	0.000	1.000

续表

模　　型	系　　数					
	回归系数	标准差	标准化回归系数 β	t	$p(\alpha=0.05)$	共线性值 VIF
2. 常数	0.095	0.130		0.733	0.464	
学校的教学水平	0.537	0.042	0.551	12.842	0.000	2.289
学校的硬件设施	0.428	0.042	0.437	10.182	0.000	2.289
3. 常数	-0.093	0.127		-7.34	0.464	
学校的教学水平	0.448	0.043	0.460	10.428	0.000	2.748
学校的硬件设施	0.315	0.045	0.321	6.948	0.000	3.025
学生的作业量	0.254	0.050	0.236	5.059	0.000	3.067
因变量：学生的考试成绩						

表 7-10 中的变量筛选部分，表明有三个模型。模型 1 引入第一个变量，学校的教学水平，模型 2 加入学校的硬件设施，模型 3 再加上学生的作业量共三个变量。从表中可以看出，模型 1 调整后的 $R^2=0.771$，表示学校的教学水平这个变量与因变量学生的考试成绩的协同变异部分占 77.1%。模型 2 引入学校的硬件设施后两个变量的协同变异部分提高到 85.4%。模型 3 加上学生的作业量变量后只提高约 2%，协同变异部分达到 87.1%。

对表 7-10 中的数据进行几点说明：

（1）调整后 R^2。调整 R^2 的目的，是使该 R^2 与自变量个数不同的其他模型具有可比性，变量个数越多，调整下降幅度越大，如模型 3 的 R^2 从 0.873 降到 0.871。

（2）标准差 σ。表示 Y 的实际值与按回归方程估计的 $\hat{y}$ 值的标准差。如模型 3 的标准差 $\sigma=0.4937$。

（3）方差分析用来判断方程中的一组回归系数，从整体上看是否偏离 0，F 临界值从附表 3 查出，分子的自由度为 k，即自变量的个数，本例分别为（1，2，3），分母自由度为 $n-k-1$，n 即样本数（观察值），本例为 183，故对于模型 3，自由度 df=183-3-1=179。显著度 $\alpha=0.05$ 时，查 F 分布表得知，F 的临界值为 8.55，表 7-10 中算出的 F 值均大于临界值，且概率均小于 0.05，说明统计检验支持回归系数偏离 0。

（4）表 7-10 的第二部分表示三个模型的回归系数。"p"表示由原始 x 值估计出的回归系数，模型 3 的数学表达式为：

$$Y = -0.093 + 0.448x_1 + 0.315x_2 + 0.254x_3 + e$$

（5）"β"列表示标准化后的回归系数。标准化后，常数项即回归线截距为 0。一般情况下，各变量都是按不同尺度赋值，标准化后的 β 表示各个自变量对因变量解释能力的相对贡献，使各回归系数之间具有可比性。本例中，学校的教学水平较之其他两个变量解释能力要大（0.46>0.321，0.236）。

（6）每个回归系数都有标准差，可衡量每个回归系数的样本变异状况。

(7)"t"列表示各回归系数的显著性检验值,按各变量的自由度查附表,三个自变量的系数值统计上都显著偏离0。表7-10的回归方程表示因变量学生的考试成绩与学校的教学水平、学校的硬件设施、学生的作业量等自变量之间的关系,回归系数按整体和个别统计检验结果,其值都显著偏离0。其中,学校的教学水平对学生的考试成绩影响最大,后面顺次为学校的硬件设施和学生的作业量。

有些回归方程中,自变量之间相关性较强,影响多元回归分析的效果,使得不同的样本,估计出的系数波动较大,用系数来表示各变量的权重就不可靠。可接受的自变量相关程度是多少,要看情况而定,如果相关系数达到0.8以上,应加以处理,或者从两个相关变量中删去一个变量,或者引入一个能代替这两个相关变量的新变量。统计表7-11中有一列"共线性值VIF"即变量贬值指标,它测量其他自变量对该回归系数的影响,此值如等于或大于10,则看作存在共线性(collinearity,multi-collinearity),本例中该值远小于10,不存在问题。

三、方差分析

(一)概念

方差分析(analysis of variance,ANOVA)又称变异分析,是英国统计学家费希尔(Ronald Aylmer Fisher)于1923年提出的一种统计方法,故有时也称为F检验。方差分析用于多组均数之间的显著性检验。

方差分析要求各组观察值服从正态分布或近似正态分布,数据相互独立,并且各组之间的方差具有齐性[①]。方差分析是一种特殊形式的统计假设检定,广泛应用于实验数据的分析中,统计假设检验是一种根据数据进行决策的方法。

(二)方差分析的原理

方差分析的基本假设是不同样本组的平均数间的差异基本来源有以下两个:

(1)实验变量,即因不同组的样本之间的主要区别造成的差异(例如,男和女),称为组间差异。用所有变量在各自组的均值与所有变量糅合在一块儿总均值之偏差平方和的总和表示,记作SS_b,其自由度为df_b($df_b=m-1$,m为组数)。

(2)随机误差,如测量误差造成的差异或每个个体间的差异,称为组内差异,用变量在各组的均值与该组内变量值之偏差平方和的总和表示,记作SS_w,组内自由度为df_w

---

① 齐性:在这里是指不同样本的总体方差是否相同,如果相同,则称各组之间的方差具有齐性。

($df_w = n-m$，其中 n 为样本总数，m 为组数）。

算出所需数据：

组间均方 $MS_b = \dfrac{SS_b}{df_b}$，组内均方 $MS_w = \dfrac{SS_w}{df_w}$，算出 F 值，$F = \dfrac{MS_b}{MS_w}$

用 F 值与其临界值比较，作为在给定显著性推断各样本是否来自相同总体的依据。

方差分析的基本思想是：通过分析研究不同来源的变异对总变异的贡献大小，从而确定可控变量对研究结果显著性的大小，详例见第二节统计推断例7.6。

四、主成分分析法

主成分分析法（principal components analysis，PCA）是如何通过少数几个新变量（主成分）来取代原来的多个变量，并尽可能多地保留原始信息的探索性统计方法。在处理信息时，当两个变量之间有一定相关关系时，可以解释为这两个变量反映出此课题的信息有一定的重叠。例如，学科测评时高校的专业排名与学科的立项课题数，高层次人才数存在较高的相关性。而变量之间信息的高度重叠和高度相关会给统计方法的应用带来许多障碍。

为了解决这些问题，最简单和最直接的解决方案是削减变量的个数，但这必然又会导致信息丢失和信息不完整等问题的产生。为此，人们希望探索一种更为有效的解决方法，它既能大大减少参与数据建模的变量个数，同时也不会造成信息的大量丢失。主成分分析法正是这样一种能够有效降低变量维数，并已得到广泛应用的分析方法。

主成分分析法以最少的信息丢失为前提，将众多的原有变量综合成较少几个综合指标，通常综合指标（主成分）有以下几个特点：

（一）主成分个数远远少于原有变量的个数

原有变量综合成少数几个因子之后，因子将可以替代原有变量参与数据建模，这将大大减少分析过程中的计算工作量。

（二）主成分能够反映原有变量的绝大部分信息

因子并不是原有变量的简单取舍，而是原有变量重组后的结果，因此不会造成原有变量信息的大量丢失，并能够代表原有变量的绝大部分信息。

（三）主成分之间应该互不相关

通过主成分分析得出的新的综合指标（主成分）之间互不相关，因子参与数据建模能够有效地解决变量信息重叠、多重共线性等诸多问题。

五、因子分析法

主成分分析法减少了课题中所考虑的变量的个数，同时保证综合了原有指标的几个主成分之间互不相关。因子分析法（factor analysis）又前进了一步，它试图用最少个数的不可观测的公共因子的线性组合与特定因子之和来描述原来观测的每个分量，其目的是尽可能合理地解释存在于初始变量之间的相关性，揭示变量的结构，简化变量的维数。例如，我们想通过几门功课的成绩评定学生的数学能力，我们选择了代数、几何、微积分等五科成绩分别记为 $T_1, T_2, \cdots, T_5$。我们准备对得分进行归纳分析，找出与学生各种数学能力（空间能力、记忆能力、归纳能力、演绎能力）有关的不可测的公共因子，称之为空间因子、记忆因子、归纳因子、演绎因子（分别记作 F_1, F_2, F_3, F_4），用这些不可测的相互独立的公共因子来描述相互关联的变量，并根据每个学生的成绩分析他们的数学能力，这就是因子分析的目的。

因子分析又分为 Q 型和 R 型两种，研究样品之间的关系是 Q 型分析，研究变量之间的关系是 R 型分析。同样的观测数据可用作不同的分析，究竟选用 Q 型还是 R 型分析，应根据分析的目的决定。

【R 型分析的实例】

某公司经理与 48 名就业申请者面谈，对每个人从 15 个方面进行评分，这 15 个变量是申请信 X_1、外貌 X_2、专业能力 X_3、讨人喜欢的能力 X_4、自信心 X_5、洞察力 X_6、诚实 X_7、推销本领 X_8、经验 X_9、驾驶汽车 X_{10}、志向 X_{11}、领会能力 X_{12}、潜在能力 X_{13}、对工作要求强烈程度 X_{14}、对工作是否合适 X_{15}。假如许多变量之间高度相关，这时要对申请者做出全面而正确的判断就不太容易，需要进行因子分析，找出包含在 15 个变量中的不可测公因子，减少变量个数。结果第一公因子与 X_5、X_6、X_8、X_{10}、X_{11}、X_{12}、X_{13} 相关，可以认为是申请者外露的能力；第二公因子与 X_4、X_7 相关，反映申请人是否讨人喜欢；第三公因子与 X_1、X_9、X_{15} 相关，反映申请者的经验；第四公因子与 X_3 相关，为专业能力；第五公因子为外貌。最后，对 48 名申请者计算五个公因子得分，可为经理决策提供依据。

R 型因子分析是在样本空间中处理变量，最后利用变换结果分析样本，而 Q 型因子分析则是在变量空间中处理样本，对样本进行归类和分析。Q 型因子分析的数学过程和思路与 R 型因子分析基本相似，但 Q 因子分析对变量的标准化要求较低，一般不对数据进行中心化，在此就不进行举例了。

六、聚类分析

（一）聚类分析概念

聚类分析（cluster analysis）也称为群集分析，是对于统计数据分析的一门技术，在许多领域受到广泛应用，包括机器学习、数据挖掘、模式识别、图像分析以及生物信息。聚类是把相似的对象通过静态分类的方法分成不同的组别或者更多的子集（subset），这样让在同一个子集中的成员对象都有一些相似的属性，通过聚类可以定量地确定样本之间的亲疏关系。

聚类通过观察学习，不需要提供每个训练元素的隶属关系，属于无监督式学习（unspervised learning）。无监督学习是指在没有标注的数据中寻找隐含的结构信息。数据的内部构造描绘了要分组的对象，并且决定了如何最佳地把数据对象分组。主要的聚类分析方法有系统聚类法、动态聚类法和模糊聚类法。在聚类分析中，通常根据分类对象的不同将其分为 Q 型聚类分析和 R 型聚类分析两大类。Q 型聚类分析是对样本进行分类处理，R 型聚类分析是对变量进行分类处理。

（二）聚类分析基本步骤

（1）把各个分类对象单独视为一类。

（2）根据距离最小的原则，依次选出一对分类对象，并组成新类。这里的距离可以用欧式距离、相关系数、马氏距离等来衡量。

（3）如果其中一个分类对象已归于一类，则把另一个也归入该类；如果一对分类对象正好属于已归的两类，则把这两类并为一类。每一次归并，都划去该对象所在的列与列序相同的行。

（4）经过 m-1 次就可以把全部分类对象归为一类，这样就可以根据归并的先后顺序做出聚类谱系图。

需要注意的是，聚类分析是一种探索性的分析，在分类过程中没有一个分类标准。聚类分析能够从样本的数据出发，自动进行聚类，也可以根据研究者的个人需要，人为进行分类。同时，聚类分析方法不同，得到的结论也不一样。

第四节 数据处理软件介绍

一、概述

随着计算机技术的发展和计算机应用的普及,数据处理大多可以利用现成的软件解决,不仅免除了人们繁重枯燥的计算工作,而且可以自动生成各种图表。

自 20 世纪 70 年代以来,已经开发出不少数据处理应用软件,最著名的有 1961 年由美国加州大学研制的 BMDP(bio medical data processing)、1970 年美国 SPSS 研究公司研制的 SPSS 软件包(Statistical Package for the Social Science)、1972 年美国 SAS 软件研究公司研制的 SAS(Statistical Analysis System)软件包,此外在办公自动化集成软件包 Microsoft office 中的电子表格软件 Excel、Stata 等也具有不少实用的数据处理功能。

选择或评价数据处理软件时,主要考虑以下因素:

1. **可用性**

这是指软件一般操作界面简洁,处理速度较快,学习起来较为方便。

2. **数据管理**

数据管理是指数据的输入、检查、改正、转换等。很多优秀的软件如 SAS、SPSS 等的数据管理功能已近似大众化的数据库软件。统计软件与数据库之间建立接口,使用非常方便。

3. **文件管理**

程序文件、数据文件、结果文件等文件的建立、存取、修改合并等统称为文件管理。其功能越强,操作就越简单方便。由于操作系统本身的文件管理功能较强,好多统计软件设置了调用操作系统命令的指令。

4. **统计分析**

统计分析是数据处理软件的核心功能。统计分析方法的计算机程序的数量和种类,决定了数据处理的深度。有些软件如 SAS、BMDP 等所包含的分析过程,已足够科研与管理之需。

5. **容量**

虽然处理的数据量与计算机硬件直接有关,然而良好的软件设计往往在一定程度上弥补了硬件的不足,而低水平的软件会浪费良好的硬件配置。

二、数据处理软件

(一) SPSS

SPSS 是英文"Statistical package for the social science"的缩写,即"社会学统计程序包"。SPSS 是世界上最早的统计软件,20 世纪 60 年代末,由美国斯坦福大学的三位研究生共同开发研制,同时成立了 SPSS 公司,并于 1975 年在芝加哥组建了 SPSS 总部。20 世纪 80 年代以前,SPSS 统计软件发展缓慢,主要应用于机关事业单位。1984 年 SPSS 总部首先推出了世界第一套统计分析软件微机版本 SPSS/PC+,极大地扩展了 SPSS 的应用方向,开创了 SPSS 微机系列产品的先河。

"SPSS for Windows"是一个组合式软件包,目前已经开发出 SPSS25 版本,它集数据整理、分析功能于一身。SPSS 功能强大,用户可以根据实际工作需要来选择模块。SPSS 的基本功能包括数据管理、统计分析、图表分析、输出管理等。SPSS 统计分析过程包括描述性统计、均值比较、一般线性模型、相关分析、回归分析、对数线性模型、聚类分析、数据简化、生存分析、时间序列分析、多重响应等几大类,每类中又分好几个统计过程,如回归分析中又分线性回归分析、曲线估计、Logistic 回归、Probit 回归、加权估计、两阶段最小二乘法、非线性回归等多个统计过程,而且每个过程中又允许用户选择不同的方法及参数。SPSS 也有专门的绘图系统,可以根据数据绘制各种统计图形和地图。

(二) R 语言

R 语言,是一种自由软件编程语言与操作环境,主要用于统计分析、绘图、数据挖掘。R 语言本来是由来自新西兰奥克兰大学的罗斯·伊哈卡和罗伯特·杰特曼开发,现在由"R 开发核心团队"负责开发。R 语言内置多种统计学及数字分析功能。R 语言的功能也可以透过安装包(Packages,用户撰写的功能)来增强。R 语言比其他统计学或数学专用的编程语言有更强的面向对象功能。它的另一强项是绘图功能,制图具有印刷的素质,也可加入数学符号。虽然它主要用于统计分析或者开发统计相关的软件,但也有人用作矩阵计算。它的分析速度可媲美专用于矩阵计算的自由软件 GNU Octave 和商业软件 MATLAB。

它增加的功能有特殊的统计技术、绘图功能,以及编程接口和数据输出/输入功能。这些软件包是由 R 语言、LaTeX、Java 及最常用 C 语言和 Fortran 撰写。下载的运行档版本会连同一批核心功能的软件包,而根据 CRAN 纪录有七千多种不同的软件包。其中,有几款较为常用,可用于经济计量、财经分析、人文科学研究以及人工智慧等方面。

（三）Excel

Excel 在数据处理分析中最为基础，最易掌握。Excel 电子表格是 Microsoft 公司推出的 Office 系列产品之一，是一个功能强大的电子表格软件。其特点是对表格的管理和统计图制作功能强大，容易操作。在预处理、图形的绘制等方面有较为出色的作用，公式、图形等具有即改即可见的特点。Excel 的数据分析插件 XLSTAT，也能进行数据统计分析。

Excel 事实上是一个数据库，数据处理功能仅仅是其附带的功能，虽然并非统计软件，也不像其他统计软件那样操作复杂，更容易上手，极大地方便了数据计算，但它的不足是运算速度慢，统计方法不全。

（四）EViews

EViews 是 "Econometrics Views" 的缩写，直译为计量经济学观察，通常称为计量经济学软件包。它的本意是对社会经济关系与经济活动的数量规律，采用计量经济学方法与技术进行"观察"。计量经济学研究的核心是设计模型、收集资料、估计模型、检验模型、应用模型（结构分析、经济预测、政策评价）。EViews 是完成上述任务比较得力的必不可少的工具。正是由于 EViews 等计量经济学软件包的出现，使计量经济学取得了长足的进步，发展成了一门较为实用与严谨的经济学科。

EViews 是在 Windows 操作系统中计量经济学软件中的世界性领导软件。它的优点体现为强而有力的灵活性加之便于使用者操作的界面。EViews 预测分析计量软件在科学数据分析与评价、金融分析、经济预测、销售预测和成本分析等领域应用非常广泛。它是专门为大型机构开发的、用以处理时间序列数据的时间序列软件包的软件。EViews 软件在 Windows 环境下运行，操作接口容易上手，使得本来复杂的数据分析过程变得易学易用。

（五）Stata 统计软件

Stata 统计软件由美国计算机资源中心（Computer Resource Center）1985 年研制。Stata 的特点是程序容量较小，统计分析能力强，统计分析方法较齐全，计算结果的输出形式简洁，绘出的图形精美。由于 Stata 在分析时是将数据全部读入内存，在计算全部完成后才和磁盘交换数据，因此计算速度极快。Stata 也是采用命令行方式来操作，但使用上远比 SAS 简单。其生存数据分析、纵向数据（重复测量数据）分析等模块的功能甚至超过了 SAS。Stata 的另一个特点是它的许多高级统计模块均是编程人员用其宏语言写成的程序文件（ADO 文件），这些文件可以自行修改、添加和下载。用户可随时到 Stata 网站寻找并下载最新的升级文件。事实上，Stata 的这一特点使其成为了几大统计软件中升级最多、最频繁的一个。它的不足之处是数据的兼容性差，占内存空间较大，数据管理功能需要加强。

本章要点

数据分析是研究数据统计工作的一般原理和方法，主要包括数据的收集、整理和分析，并根据分析结果对研究对象进行科学推断。

数据分析的主要内容有描述性统计、假设检验、变量间的关系等。描述性统计的指标有平均值、方差等，假设检验的方法主要有 t 检验，F 检验和卡方检验。针对不同的数据类型应使用不同假设检验的方法。变量间的关系可以用相关和回归分析等方法进行分析。其中，相关分析（correlation analysis）是研究现象之间是否存在某种依存关系并对具体有依存关系的现象探讨其相关方向以及相关程度，是研究随机变量之间相关关系的一种统计方法。它可以用 Pearson，Spearman，Kendall 相关系数来进行分析。回归分析（regression analysis）是确定两种或两种以上变量间相互依赖的定量关系的一种统计分析方法。此外，还有方差分析、主成分分析、因子分析、聚类分析等对变量之间的关系进行描述。

随着计算机技术的发展和计算机应用的普及，数据处理大多可以利用现成的软件解决，常用的数据软件有 SPSS、R 语言、Excel、EViews、Stata 等。

思考练习

1. 数据的集中程度和离散程度可以用哪些指标来表示？
2. 统计数据有哪几种类型，它们之间的区别和适用范围分别是什么？
3. 简述假设检验的基本步骤。
4. 数据分析方法有哪几种？分别有什么特点？
5. Pearson、Spearman、Kendall 三种相关分析方法的异同是什么？

第八章 MBA学位论文的评阅与答辩

　　MBA学位论文的评阅和答辩不仅影响论文的成绩，而且答辩能否通过，直接关系学员能否按时毕业，因此要对答辩给予足够的重视。本章将介绍MBA学位论文写作过程中的学术诚信问题，主要讲述学术诚信的意义和对MBA学员的基本要求。另外，本章还将介绍MBA学位论文的评阅原则和标准，以及MBA学位论文答辩的相关问题。

第一节 学术诚信

科研活动是促进科技发展的重要途径,但是自 20 世纪 70 年代末以来,科研活动已经不再是单纯地对知识和真理的探索,对于很多从事科研工作的人来说,科研活动更像是一个谋生的职业。科学研究被蒙上了前所未有的、日渐浓厚的功利色彩,学术诚信问题也就逐渐成为人们关注的焦点。

一、学术诚信的内涵

学术诚信是一个复合词,可以认为是诚信概念在科学研究领域中的延伸,要了解它的内涵,首先要分别把握"学术"和"诚信"这两个概念。

"诚信"是中华民族的传统美德,是中国传统道德体系中重要的道德规范。诚信就是"内诚于心,外化于人,言必信,行必果"。诚信要求我们尊重事实、信守承诺、诚实无欺。

"学术"作为一种知识形态时,指学问和真理,是认识的对象和目标;当它作为一个过程时,指获得学问、真理的活动和方式。这里的"学术"指的是后者,只有当"学术"作为一个活动过程,人们参与其中并且进行价值选择时,才会出现学术不诚信的问题。

基于以上对"学术"和"诚信"概念的理解,并参照前人的研究基础,我们认为学术诚信就是诚信在学术上的表现,是指人们在进行学术活动的过程中,以严谨的态度对待科学研究,坚持诚信的道德规范和行为,对待学问和真理等认识目标的追求过程无欺诈,同时探索学术、真理活动的方式方法也遵循公平、诚信的品质。

二、学术诚信的相关概念

(一)学术不端

学术不端在世界各国都有发生。学术不端行为是指违反学术规范、学术道德的行为,一般指捏造数据、篡改数据和剽窃三种行为，也包括一稿多投、侵占学术成果、伪造学术履历等行为。学术不端行为侵犯了公平公正的科学精神，违反了高尚的学术道德，败坏了科学界的声誉，也影响了社会秩序，让社会对学术界的科研诚信产生了怀疑。因此，人人都有权力维护学术规范和学术道德。

（二）学术道德

学术道德是指进行学术研究时要遵守的准则和规范。学术道德是从事科研工作的起码要求，是学者的学术良心。学术道德的缺失无疑就意味着学术失范现象的产生和蔓延。因此，对大学生进行学术规范与学术道德教育，防患于未然，是遏制学术不端、保证中国学术研究健康发展的重要措施。

（三）科研道德规范

科研道德规范是一份约束科研人员的规范，是科研人员开展科学活动的准绳，为科研人员提供了具体的行为指导。它要求科研人员做到诚实客观、科学民主、团结协作、追求卓越。

（四）学术道德失范

学术道德失范主要是指学者违背学术规范所犯下的技术性过失，它是因知识缺乏或学术不严谨而引起的失误。任何事物的发展都是主观因素和客观因素共同作用的结果，学术道德失范问题是由多方面的原因造成的，如科研监督和学术机制不够完善、科研考评机制存在缺陷、对道德教育重视程度不足等。

（五）学术腐败

学术腐败属于腐败的范畴，是腐败现象在学术领域的反映，主要指学术界与政治权利相关联的不恰当的谋利行为，即拥有学术权力的人在学术领域的腐败行为。学术失范行为、学术腐败行为与学术不端行为，都属于学术失信行为，它们的存在都会影响学术界的社会声誉。

三、学术诚信的基本要求

（一）实事求是，保持严谨的治学态度

学术研究是一个对知识不断积累的过程。在进行学术研究的过程中，不仅要遵循客观

事实和规律,按照事物的本来面貌进行研究,防止主观臆断,还要保持严谨的治学态度,坚持用科学的方法公平正确、不带偏见地评价他人的学术成果。作为一名研究生,要坚持用科学的精神,用实事求是的态度去对待他人的研究成果,用诚实的态度去探求真理,自觉遵守道德规范,对自己的行为负责。总而言之,就是要做到用严谨的治学态度严格要求自己,做到诚信为人,实事求是。

(二)尊重他人成果,合理借鉴他人的研究成果

学术研究的过程是一个漫长且艰苦的过程,在这个过程中我们将实现知识的积累,不仅要使自身的知识得到积累,更要在他人研究成果的基础上进行提升。学术研究不仅仅是个人劳动的过程,也是全社会共同努力的过程。我们要在前人不断研究的基础上进行创新,没有他人的研究作为基础,学术研究将一事无成。这就要求我们在进行学术研究的过程中,尊重他人研究的成果,要讲究诚信,不能在不加说明或备注的情况下盗用别人的研究成果。

(三)坚守客观公正,正确评价他人的学术成果

对待他人的研究成果要进行公平客观、公正的评价,这不仅是对自己的尊重,也是对他人的尊重,这更是为人的基本道德。在进行学术评价时,应该本着客观的精神对待他人的学术成果。在发表学术评价意见的时候,也要坚持从实际出发,尊重客观实际,对学术成果做出公正的评判,客观地发表自己的见解。要不偏不倚,不夸大研究的价值,也不刻意贬低成果的意义,只有这样才能真正地体现作品的价值,为学术研究成果增添新的内容。

四、学术诚信的意义与价值

(一)学术诚信的意义

1. 学术诚信是做学问的基石

一个人只有讲信用,才会有信誉,个人的学术成果也才能得到认可和传播。说话做事不讲信用的人,做事不会有结果。学术科研的目的在于追求真理,展现客观世界的本来面目,而要使自己的科研成果被他人和世界所接受,首先要获得他人的信任。如果一个人连诚信都做不到,即使他的科研成果是真实正确的,但由于个人的诚信度太低而无法取得他人的信任,大家仍然会怀疑他的观点和研究成果。因此,学术诚信是一个人做学问的基石,只有做到学术诚信,才能得到别人的信任,才能使自己的科研成果得到认可。

2. 学术诚信是学生做人成才的关键性因素

要赢得他人信任就要真心诚意地待人处事,否则很难得到他人的理解和支持。学术诚

信是塑造学生完美人格的基础，诚信缺失会影响学生的人格发展。诚信是做人的道德支柱，是人格确立的重要途径。有了诚信，就能科学地对待自己和一切客观事物；有了学术诚信，才能客观地对待自己和他人的科研成果。

3. 学术诚信是培养创新型人才的本质需要

高等学校培养人才的根本任务就是培养创新型人才，这个任务在当今世界经济竞争加剧的背景下，显得尤为重要和迫切。创新活动是一种探索性工作，经常会面对失败和挫折。学术研究就是创新，那么就意味着在学术研究的道路上，我们会随时遇到瓶颈和挫折。这就要求我们具备不怕挫折、勇于面对失败的心理承受能力，同时淡泊名利，抛除急功近利的心态，坦然地面对科研工作中的问题，而不应修改或伪造数据、抄袭别人的观点。一个国家的学者没有诚实守信的品质，这个国家发展将会停滞直至灭亡。因此，培养学术诚信精神是当前高校培养创新型人才的本质需要。

4. 学术诚信是一个社会存在和发展的价值观保证

提高研究生的培养质量关系创新型国家的建设。一个社会的存在是建立在诚信的基础上的，只有每个人都树立起正确的价值观，整个社会才会形成讲诚信的价值体系。

（二）学术诚信的价值

1. 国家层面

学术诚信是提高综合国力、建设创新型国家的重要基础。当前社会，科学技术在人类社会生活的各个领域产生了广泛而深刻的影响，科技的进步是一个国家发展的决定性的因素之一。要真正提高我国的核心竞争力，就必须把科学技术的发展放在优先发展的位置。而在推动科学技术进步和创新的过程中，如果没有诚信，学术研究的秩序就会被破坏，科研工作者进行科学探索的动力和活力就会受到很大的影响，科学事业就很难向前发展。因此，如果不解决学术诚信的问题，就会严重影响科研工作者的积极性，动摇国家创新体系的根基，阻碍我国提高核心竞争力的进程。

2. 科学价值

学术诚信是学术事业繁荣发展的基本保证。学术活动的本质决定了学术诚信必然会促进学术创新。首先，学术研究的首要特征就是它的真实性和严谨性，所以在学术活动中，必须要诚实严谨，尊重客观事实，绝对不容许有半点弄虚作假的行为，这是学术诚信的本质特征。其次，学术活动是一个循序渐进的过程，需要很多年的努力和积累。任何学术科研活动都是在原有的基础上进行的，以人们已有的认识为起点。这意味着在学术研究中没有捷径可走，只有反复尝试，不断积累，才可能会有所突破。因此，从事学术研究的学者，必须有足够的知识储备，需要有长期的刻苦钻研甚至会耗费毕生心血，那些投机取巧、不劳而获的思想都是不可取的。最后，学术科研是创造性的活动，创新是学术进步的核心，学术要进步和发展，就要不断地推陈出新。总之，不难得出学术诚信是学术事业繁荣发展的基本保证。

3. 经济价值

当今是以经济建设为中心的发展阶段，学术是高新技术产业化的催化剂。学术与经济建设不是割裂的，它对经济和社会具有战略性的影响。如果我们忽略学术，或者在学术繁荣的盛名下，学风不正，弄虚作假，那么破坏的不仅是学术的地位，而是会动摇科技进步的根基，使社会的经济发展失去基础。

4. 精神价值

学术诚信可以有力地促进社会主义精神文明建设。学术诚信强调的是谨慎谦虚、求真务实、积极进取，它们是克服因循守旧、嫉贤妒能、追名逐利的强大精神武器。随着科学技术的发展，科学技术对人类社会生活的影响必将日益显著，学术诚信也必然会在更高的层次上对人们的情感和习惯产生深刻的影响。

5. 主体价值

学术诚信有利于陶冶学术主体的品行。作为一名社会主义的学术型人才，要具备良好的学术能力，也要具备高度的社会责任感和使命感。学术诚信是当代大学生自身健康成长的迫切需要，诚信是孕育其他品德的基础，是一个人最基本的品德和素质。学术诚信也是塑造当代大学生完美人格的基础，诚信缺失会影响学生人格的发展。

第二节　MBA 学位论文评阅

一、MBA 学位论文评阅的原则

MBA 学位论文在评阅时应该根据相关的原则，不得以主观喜好随意进行。MBA 学位论文评阅应该遵循客观评价原则，综合性评价原则，保密性原则。

（一）客观评价原则

MBA 学位论文评阅首先要遵循公平公正、客观评价的原则。MBA 学位论文评阅必须有实事求是的科学态度，不能因为和学生的指导老师熟识，就对不符合答辩要求的论文睁一只眼闭一只眼，允许其进行答辩，放低对论文质量的要求。在对学生的论文进行审核时，应从论文逻辑的通畅性，论文论证的严谨性，论文数据的真实性等方面进行评阅，不得夸大或者贬低，而应实事求是地做出客观而公正的评价。

（二）综合性评价原则

一篇论文的优劣要从多个方面进行综合评价，如论文的理论价值、技术价值、社会价值等。当然由于各个学科的不同，侧重点也会有所不同。如 MBA 学位论文可能会更看重社会价值，即它对社会产生的影响和做出的贡献，是否能推进企业管理的进步、社会文明的前行。

MBA 学位论文的理论价值主要包括：在原有理论基础上进一步完善发展，甚至提出新的有创新性的理论；将某一在以往研究中并没有得到充分运用的理论进行新的应用；纠正或者推翻了传统的他人理论。

MBA 学位论文的技术价值主要是指在论文中提出的新技术、新方法是否能很好的在现实生活中得到推广和应用。

MBA 学位论文的经济价值主要是看其成果推广应用之后经济效果如何，看它是否能给企业、社会、个人带来经济效益，是否利于提高我国人民的生活幸福感。

（三）保密性原则

对于反映技术开发成果的 MBA 学位论文在进行综合评价时，首先要考虑是否应该对其进行保密。如果需要保密，那么该论文就不得公开发表，而且应按照《中华人民共和国保守国家秘密法》规定，参加该论文评价的专家和工作人员都负有保密的义务，论文中的具体资料、技术指标、各种参数、使用设备等都不得外泄。

二、MBA 学位论文评阅的标准

MBA 学位论文应该根据规范性标准进行评阅，不得以主观意愿进行评分。根据上述原则，MBA 学位论文的评分标准应该包括 6 个方面的指标，即"论文选题""理论与方法""应用价值""综合能力""文字表达能力""写作规范性"，以下分别介绍上述六个指标的具体内涵。

（一）论文选题

论文选题是重中之重，论文选题的好坏会直接影响 MBA 学位论文的水平。好的选题会对论文的结果起到正面的导向作用。虽然好的选题未必能保证能写出优秀的 MBA 学位论文，但是选题不当肯定不可能写出优秀的论文。一般论文选题在 MBA 学位论文评阅部分占到 20% 的比重，一般从前瞻性、实用性、新颖性和重要性四个方面进行评分，如果有较好的预见性和前景，实用价值高，题目很新颖，有较大的工作量和难度，评分一般在

18～20 分。

（二）理论与方法

理论与方法在 MBA 学位论文评阅部分占比 20%，一般从理论运用、理论深度、独立见解和方法运用四个方面进行评分。理论运用是否娴熟，是否真的掌握了该理论方法；理论深度是考查学生对于所用理论的认识，若学生对理论进行了全面深入的研究，论文的理论基础就会非常扎实，得出的结论也会十分可靠；独立见解是指在前人的研究基础上能否提出一些自己的具有创造性和创新性的认知和理解，当今社会的科学技术日新月异，新兴学科、交叉学科不断涌现，只有具备创新意识才有可能取得创新性甚至开创性的成果；方法运用即该理论方法在实际运用中所采取的研究方法。如果能很好地将理论与实际联系起来，分析严密有深度，对理论方法具有自己创造性见解，成果突出，方法较新且能运用灵活，评分一般在 18～20 分。

（三）应用价值

MBA 学位论文是工商管理类硕士研究生学位论文，主要是培养能够胜任工商企业和经济管理部门高层管理工作需要的务实型和应用型高层次管理人才，所以 MBA 学位论文的应用价值在评阅中占有较大的比例，一般在论文评阅中占比 20%。一般从对企业或单位的应用价值、对部门或行业的应用价值、对全国的应用价值、经济效益和社会效益、可操作性五个维度进行评分。一般论文所研究的内容对部门或者行业发展具有实际参考意义，应用到现实生活中可以获得较高的经济效益和社会效益，其评阅得分在 18～20 分。

（四）综合能力

综合能力一般是从综合运用知识、分析问题能力、调查研究能力等方面进行考察，占比为 20%。综合能力的考察是指多方面、多维度地综合评阅论文，不只是从论文选题、理论方法等方面进行评分。因为老师在评阅过程中可能会出现更看重论文理论方法等方面的情况，综合能力的打分能让老师更全面客观地评阅论文。如果一篇论文能很好地综合所学知识以解决实际问题，分析问题能力强，调研深入充分，成绩明显，则评分一般在 18～20 分。

（五）文字表达能力

一篇优秀的 MBA 学位论文应该用语规范，避免口语化表达，书面表达流畅通顺，逻辑性强，结构严谨，层次分明，做到语意通畅，能较好地表达自己的意思，符合科技写作规范及要求。到了研究生阶段，拥有较好的文字表达能力应是最基本的要求，论文的创新性成果只有通过精准达意的文字表达，才能为世人所知。文字表达能力在论文评阅部分分值占比 15%。

（六）写作规范性

MBA 学位论文写作规范性主要考察标题、摘要、关键词、引注、正文、参考文献和图表的规范性，如摘要标题加黑置中，黑体小二号字，摘要内容黑体小四号字，关键词宋体小四号字，参考文献正文宋体五号等，每个学校要求可能略有不同，应该根据官方文件中的要求进行论文的撰写。这一部分分值占比大概为 5%。对于比较符合写作规范及要求的论文，评分一般在 4～5 分。

上述六个方面综合打分，评分在 90～100 分的属于高水平 MBA 学位论文，评分在 80～89 分的属较好的 MBA 学位论文，评分在 70～79 分的为达到 MBA 学位论文水平要求，评分在 69 分以下则未达到 MBA 学位论文水平要求，需要进行论文修改再送审。

三、MBA 学位论文评阅的流程

（一）评阅方式

MBA 学位论文评阅方式一般分为内审和外审两种，内审是把学生的论文交给本校有关部门与其他导师评阅，外审是将学生的论文送往校外进行盲审，由国内外相同专业的同行专家对论文进行评阅并综合打分。在确定外送学校时主要考虑以下两点：第一，是否有相应的专业或者相应专业的硕士点、博士点；第二，从行业因素考虑，即该硕士点从事的研究方向与外送论文的研究方向是否相近。MBA 学位论文评审人应该是研究方向与送审论文研究方向相近的专家或者对该论文研究领域较熟悉的专家。

（二）评阅流程

（1）MBA 学位论文经检测达到规定要求，专教办通知学生按照规定的时间提交论文评阅书。

（2）专教办统一聘请与论文研究领域相关的评阅人。论文评阅人应是责任心强，作风正派，治学严谨，在相应学科领域有一定学术造诣的高级职称或相当职称的专家。以××大学 MBA 学位论文评阅为例，学位论文的评阅工作采取评阅人—指导教师—学生"三盲"的评阅方式，评阅人人数一般为校内 1 名、校外 1 名。校外评阅人必须是非学生工作单位的实务部门且具有高级专业技术职称的专家或高级管理岗位的任职者。

（3）专教办根据论文的领域、校外导师或企业导师库，确定学位论文匿名评阅人，编制《MBA 学位硕士论文校内外评阅人一览表》，如表 8-1 所示。提交项目负责人审阅后，落实匿名评阅人，并分发评阅人评审。

表 8-1 ××大学专业学位硕士论文校内外评阅人一览表

学生姓名	论文编号	论文题目	论文领域	校内评阅人			校外评阅人			
				姓名	职称	手机	姓名	工作单位	职务	手机

项目负责人： 　　　　　　　　　　　　　　　　　　　　　时间： 　年　月　日

（4）学位论文须接受学院研究生教学督导组成员的随机抽查评阅。根据学位论文答辩工作计划，按答辩工作的计划安排将需评阅的学位论文提前半个月到一个月传递给论文评阅人。

（5）论文评阅人根据不同类型的学位论文质量标准，完成《工商管理硕士专业学位论文评阅书》。具体的评价工作如下：

①对专业学位硕士论文进行定量评价，应从"论文选题""理论与方法""应用价值""综合能力""文字表达水平""写作规范性"六方面对论文进行评级，并给出评分。

②对论文进行定性评价，写作评阅意见，完成"综合评价"的内容包括：对论文选题和综述的评价；对论文理论与知识运用的评价；对论文新见解或创造性成果的评价；对论文应用价值的评价；对论文作者综合能力的评价；对论文文字表达和写作规范的评价。

③指出"论文存在的不足及改进建议"。对"论文是否达到工商管理硕士专业学位论文水平""是否同意参加学位论文答辩"写出明确意见。

④根据综合评价的分值，给出"优""良""合格"或"不合格"四个等级的评等意见。

（6）专教办将论文评阅书反馈给学生，学生根据评阅意见联系导师修改论文。为保证评阅人客观、公正的评阅，汇总表一律不得出现"评阅人"姓名。

（7）专教办对论文评阅中出现异议的学位论文处理方法包括：评阅人及督导专家意见中有1个"不合格"的，不能进入论文答辩环节；学生根据专家意见修改、完善学位论文并与论文指导老师沟通，推迟到下一学期重新申请学位论文答辩。

整个MBA学位硕士学位论文评阅具体流程如图8-1所示。

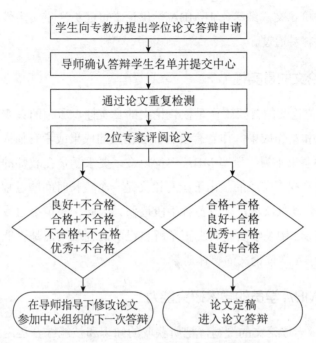

图 8-1　MBA 学位硕士学位论文评阅具体流程

第三节　MBA 学位论文答辩

MBA 学位论文通过指导老师的审核及评价之后，才能进行答辩，既保证了 MBA 学位论文的质量，也可防止论文舞弊现象的出现。本节主要通过介绍 MBA 学位论文答辩的目的，答辩的具体流程，学员答辩之前的准备，答辩委员会的提问内容以及答辩应注意的事项五个方面来论述。

一、MBA 学位论文答辩的目的

MBA 学位论文是衡量 MBA 教学质量的主要标准，其质量不仅反映了学位申请人的科研能力和学术水平，而且在一定程度上反映了培养单位的教育质量及管理水平。MBA 学位论文主要采用对论文进行评审和答辩方式，作为对学生所撰写论文两种不同的考核方法。对 MBA 学位论文进行评审，只是对论文进行单向的、书面的、静态的考核。而 MBA 学位论文答辩，则是对论文进行双向的、口头的、动态的考核。答辩的目的是进一步审查论文，包括鉴别真伪、考查知识运用能力、深化提高和增长知识、展现 MBA 学员的自信和口才、评价论文成绩等，但 MBA 学位论文可能更注重实用性，所以以实证研究为主的论文会比较容易通过。

（一）考察论文的真实性

评价 MBA 学位论文的首要工作是核查论文的真实性，所谓的真实性就是该论文是否是学员本人的研究和写作成果，作者有没有抄袭他人的成果或者有他人代写的行为。近年来学术造假的事件层出不穷。撰写 MBA 学位论文，要求学员在教师的指导下独立完成，但不是在老师严格监视下完成的。由于撰写论文是一个较长时间的过程，难免会有少数不自觉的 MBA 学员会投机取巧，采取各种手段造假。因此，答辩小组或答辩委员会的教师通过论文答辩可鉴别 MBA 学员是否真正了解自己的研究成果，是否能流畅地说出其中的思想，从而保证 MBA 学位论文的整体质量。

（二）提高 MBA 学员的学术研究能力

MBA 学员通过学位论文的撰写，把所获取的知识和技能综合运用到最终的论文撰写中，可以提高自己在学术研究方面的能力，并对将来踏上工作岗位大有裨益。对于经济管理类专业的毕业生而言，通过论文写作，可提高自身的分析问题和解决问题的能力，训练自己的逻辑思维，培养独立提出问题、分析问题和解决问题的能力，树立理论联系实际的工作作风。MBA 学位论文评价可以使学生清楚地知道自己在学习期间学到的理论知识，有助于总结过去，提高将来的学术研究能力与知识应用能力。

（三）考察 MBA 学员的知识运用能力

考察知识就是考察论文作者对论文研究对象所涉及的基本理论和其他相关知识的掌握程度，从而考察 MBA 学位论文作者对论题进行研究的理论准备和对相关知识的掌握情况。通过论文也可以看出 MBA 学员已掌握知识的深度和广度。但是，撰写毕业论文的主要目的是了解学员综合运用所学知识独立地分析问题和解决问题的能力，培养和锻炼学员进行科学研究的能力。MBA 学员对论文中所运用的知识有的可能已熟练掌握，并能将其灵活地运用；有的可能是一知半解，并没有将其转化为自己的知识；还有的可能是从别人的文章中生搬硬套过来的，对其基本含义都没有搞清楚。在答辩会上，答辩老师把论文中阐述不清楚、不完备、不确切的问题提出来，让作者当场进行回答，从而就可以检查出作者对所论述的问题是否有深厚的理论基础、创造性见解。

二、MBA 学位论文答辩的具体流程

MBA 学位论文的答辩过程主要有 7 个阶段：①提交 MBA 学位论文；②答辩委员会的成立；③答辩正式开始；④学生介绍毕业论文的内容；⑤答辩老师提出问题；⑥学生进行答辩和答疑；⑦学生答辩完后退场，答辩老师评分。

第一，学生必须在论文答辩会举行前的 1～2 个月，进行 MBA 学位论文预答辩。通过预答辩的学生，将经过指导老师审定并签署过意见的 MBA 学位论文进行提交。答辩委员会的答辩老师在仔细研读 MBA 学位论文的基础上，拟定要提出的问题，然后进行答辩。

第二，学位论文答辩的组织工作由研究生教学管理办公室（专教办）统一组织。论文答辩委员会的组成名单由专教办在专业硕士指导教师和校外指导教师或专家库中抽选，根据论文选题领域确定答辩委员会和答辩时间，编制《MBA 专业硕士 ** 年学位论文答辩工作安排》（见表 8-2），项目负责人审核后，经分委员会审批，分委员会主席在《硕士学位申请表》中签署意见后，答辩委员会组成方为有效，再通知学生和答辩委员。学位论文答辩委员会一般由 5～7 人组成。委员必须是教授、副教授或相当职称的专家，其中 1～2 名委员必须是校外实际部门并具有高级职称的专家或担任高管职位的人。申请人的指导教师一般不参加学生的论文答辩。聘请答辩委员会委员应尽可能不含论文评阅人，但各个学校情况可能稍有不同。

表 8-2　××大学专业硕士 ** 年学位论文答辩工作安排

学号	学生姓名	论文题目	指导教师	校内评阅人	校外评阅人	答辩委员会成员	答辩秘书	时间	地点	备注

第三，在答辩会上，答辩委员会秘书宣布 MBA 学位论文答辩开始，答辩委员会主席介绍答辩委员会成员后进行正式答辩。

第四，学生向答辩委员会汇报自己论文的简要情况，时间控制在 10～15 分钟。报告的主要内容包括：论文内容、目的和意义；所采用的原始资料；硕士学位论文的基本内容及科研实验的主要方法；成果、结论和对自己完成任务的评价。在答辩报告中要围绕以上中心内容，层次分明地展开。具体做到：突出选题的重要性和意义；介绍论文的主要观点与结构安排；强调论文的新意与贡献；说明做了哪些必要的工作。

第五，答辩老师提出问题。答辩委员会应从"论文选题""理论与方法""应用价值""综合能力""文字表达水平""写作规范性"六个方面对论文进行评价，并根据答辩情况做

出是否建议授予学位的决议。答辩委员以无记名打分、无记名投票方式记录"通过"或"不通过"论文答辩。学位论文答辩"不合格"者，经论文答辩委员会同意，可在一年内修改论文，参加下一次答辩。

第六，答辩结束后，答辩老师根据 MBA 学位论文质量和学生答辩时的表达能力、个人见解及论文指导老师的意见，对论文给予整体评分，并填写或修正论文答辩评定及建议的分数和评语，之后，委员会就是否通过，给学生以肯定的答复，并向学生解释答辩后的建议及修改事项的详情。学生应按照答辩委员会对论文的修改意见进行修改，由论文指导老师审定修改结果，并将《专业学位硕士论文答辩委员会修改意见汇总表》（见表 8-3）和存档论文一起提交中心归档。

表 8-3　××大学专业学位硕士论文答辩委员会修改意见汇总表

学号		所在班级		论文题目	
姓名		导师姓名			
答辩委员会修改意见			修改情况（是否修改，没有修改请阐明）		
1.……					
2.……					
3.……					
4.……					
5.……					
……					
指导教师签名：			学生签名：		
				年　月　日	

答辩的整个流程如下（见图 8-2）：

（1）答辩主席介绍答辩委员会组成人员；

（2）答辩委员会主席主持会议，宣布答辩有关规定；

（3）学生介绍论文选题的意义、内容、创新及待解决的问题（介绍时间为 15～20 分钟）；

（4）答辩委员会成员对论文进行评议并提问；

（5）答辩人退场，准备回答问题（时间一般不超过 15 分钟）。答辩秘书在答辩委员的指导下草拟答辩委员会决议；

（6）答辩人进场回答委员的提问；

（7）答辩人退场，答辩委员对论文及答辩进行评议，提出优点、指出不足及需要改进的内容，并就答辩成绩等级和是否授予学位进行表决。

（8）答辩人进场，答辩委员会主席宣布答辩委员会决议和表决结果并签字。

（9）答辩结束。

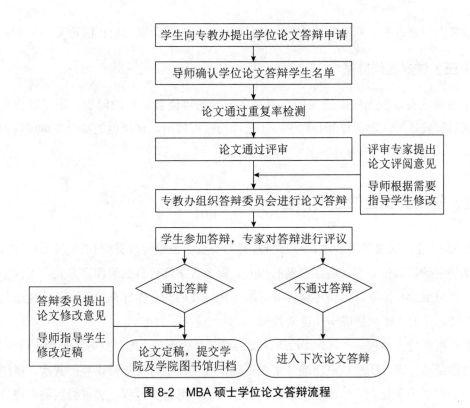

图 8-2　MBA 硕士学位论文答辩流程

三、MBA 学员答辩前的准备

（一）思想准备

在答辩之前很多学生可能会有紧张感，这是很正常的。首先，要端正态度，MBA 学位论文答辩不是为了为难学生，而是通过论文答辩这一环节，来更好地理解自己论文的研究思路，提高自己的分析能力及表达能力；其次，要提前演练，背熟演讲稿。如果对所讲内容不熟悉的话，很容易出现答辩不流畅，答不上来老师提出问题的情况，所以必须对自己所要讲的东西很熟练。

（二）内容准备

为了在短短 10～20 分钟的时间里把论文的核心内容讲解清楚，首先必须拟好自己报告时的大纲，包括该论文的题目，导师姓名，选择该题目的动机、意义以及学术价值和实践意义，论文的主要论点、论据，主要结果和结论等。其次，准备好答辩 PPT，将 MBA 学位论文的摘要和重点展示出来。答辩中用到的图表，应尽可能绘制成正规图，力求整洁美观。最后，演示文稿应具有强烈的视觉冲击力，不仅有形象直观、生动等方面的优势，还可以帮助自己有条不紊地介绍论文,更好地向答辩委员会展示自己的论文。

(三)做好提问准备

在答辩之前,应当根据论文的内容准备好一些可能被问到的问题,还可以仿真模拟答辩现场提问环节,邀请导师和同学在小范围内模拟答辩,这样也能减少答辩现场的紧张情绪。

四、答辩委员会的提问内容

在MBA学位论文答辩会上,一般来说,答辩委员会在提问时贯彻着"先易后难"的原则,以帮助学生放松紧张心理,增强答题的信心。每个大学都有自己的评审方式,不同学院、学位之间可能会有差异。但是不管评分标准如何,我们提前做好充分的准备才能做到以不变应万变,不慌不忙地完成毕业论文答辩。

充分准备的内容包括:首先,检查论文的格式是否正确,如分页方法是否正确,页码、目录链接是否无误,图片、表格编号是否正确,分级标题有没有错误等;其次,厘清论文的脉络和逻辑关系是否流畅通顺;最后,自己演练一遍答辩过程,力求做到胸有成竹、不慌不忙。

清楚答辩委员会人员提问的类型有助于做好答辩的准备,提问的类型一般有以下几种:

(一)对论文真实性的提问

(1)你是怎么想到要选择这个题目的?
(2)你在写这篇论文时是怎样搜集有关资料的?
(3)你写这篇论文时参考了哪些书籍和相关资料?
(4)论文中提到的数据的出处在哪里?

(二)对选题意义的提问

(1)论文研究的问题意义何在?
(2)论文研究的背景对你以后的工作有什么意义?
(3)论文研究有何商业和实际用途?

(三)对于论文中的重要观点及概念提问

(1)你在论文中主要使用了何种方法进行研究?
(2)你得出了怎样的结果?对其你是如何理解的?

（3）数据是通过何种方法收集的？

（四）对论文新意的提问

（1）在你的论文中提出了哪些创新性观点？
（2）你的论文做出了哪些理论和实践上的贡献？
（3）这些创新点有哪些方面的不足？

（五）对论文细节的提问

（1）信息检索的深度和广度够吗？
（2）曾广泛查阅了一手资料和二手资料吗？
（3）对幻灯片上的图片或表格进行进一步解释。
（4）研究过程中是否遇到过意想不到的问题？你是如何克服这些问题的？
（5）回想一下，你认为自己所做的研究有何优势和劣势？

（六）对论文数据来源的提问

（1）数据主要来源于哪里？
（2）数据是否具有代表性、真实性？数据是否能支撑所得出的结论？
（3）你是怎样整理和分析这些数据的？
（4）你是如何理解数据分析结果的？

（七）对论文薄弱环节的提问

（1）考虑过数据分析的局限性了吗？
（2）所选分析方法是否适用于论文的数据收集方法？
（3）对结果、理论和实践的观点是否保持了连贯？
（4）就方法论和文献的使用而言，研究发现是否已在其他已发表的论文中讨论过？
（5）在结论基础上，是否提出了对未来的展望？
（6）与该领域已有建树的研究者的研究相比，你认为自己的研究处于哪种水平？

五、答辩应该注意的事项

第一，首先要做到背熟讲稿，准备制作PPT，调整心态，做好提问准备，进行预答辩。在随后的汇报中突出重点、抓住兴趣、留下伏笔。由于自己对论文知识很熟悉，讨论时若毫无收敛、漫无边际，往往使内容复杂化，过多暴露疑点难点，给提问部分留下隐患。一个聪明的研究者应该"就事论事",仅围绕自己的结果进行简单讨论,这样提问往往更为简单,回答也更为顺畅。

第二,衣容整洁,行动自然,姿态端正。答辩开始时要向专家问好,所带的资料要整齐地摆放在桌面上,不可杂乱无章。必要时,应对教师提出的问题进行简要记录,以示尊重。答辩结束时要向专家道谢,体现出良好的修养。

第三,不必紧张,要以必胜的信心、饱满的热情参加答辩。说话时切记不可吞吞吐吐、含混不清。当与老师的意见相左时,应以维护自己的观点为主,反驳对方的观点时尽可能采用委婉、请教的语气。

第四,到了提问环节,专家提问不管妥当与否,都要耐心倾听,不要随便打断别人的问话。对专家提出的问题,当回答完整、自我感觉良好时,不要流露出骄傲情绪。如果确实不知如何回答时,应直接向专家说明,不要答非所问。对没有把握的问题,不要强词夺理,实事求是地表明自己对这个问题还没搞清楚,今后一定要认真思考。

第五,沉着冷静,要多用肯定的语气,不能模棱两可。内容上紧扣主题,表达上口齿清楚,声音大小要适中,富于感染力,可使用适当的手势,以取得答辩的最佳效果。

第六,报告结束前一定要进行致谢。导师为研究生的成长付出了很多心血,在答辩这种关键时刻,对导师表示正式而真诚的感谢,体现了对导师的尊重。建议全文念出对导师致谢的段落,其他的致谢段落可以简略一些,同时应当说明汇报结束,欢迎各位专家的提问,使答辩顺利进入下一环节。

总之,答辩中应实事求是、不卑不亢、有礼有节,时刻表现出对专家的尊重和感谢。注意答辩不是纯粹的学术答辩,非学术成分大约占一半,要显示出自己各方面的知识,证明自己已具备了相应的学术研究能力。

本章要点

本章主要介绍了三个方面的内容。首先,MBA 学位论文写作应该恪守学术诚信。学生应了解学术诚信的基本要求、意义与价值。其次,介绍了 MBA 学位论文评阅的相关内容,其中 MBA 学位论文的评阅应该遵循客观评价、综合性评价、保密性原则,从"论文选题""理论与方法""应用价值""综合能力""文字表达能力""写作规范性"6 个方面的标准进行评分。最后,MBA 学位论文答辩的目的:一是考察论文的真实性,二是提高 MBA 学员的学术研究能力,三是考察 MBA 学员的知识运用能力。MBA 学员答辩前也要做好思想准备、内容准备、提问准备等。

思考练习

1. 简述学术诚信及其意义。
2. MBA学位论文写作过程中,保持学术诚信的基本要求是什么?
3. MBA学位论文评阅的原则和标准是什么?
4. MBA学位论文答辩前应该注意哪些问题?

论文范例

家长式领导、员工信任及工作绩效的关系研究

扫描此码　阅读范例

参考文献

[1] Datta P. Methodology and Research Methods[M]. Students with Intellectual Disabilities. 2014.

[2] Choi K T，Chan K B. Methodology and Internet Research Methods[M]. Online Dating as a Strategic Game. 2013.

[3] Thomas G. Research Methodology，Methods and Design[M]. Researching the Police in the 21st Century.2014.

[4] 武汉大学. 专业学位硕士研究生论文写作与答辩指南 [Z]. 武汉：武汉大学经济与管理学院研究生专业学位办公室，2018.

[5] 顾家山. 诺贝尔科学奖与科学精神（第二版）[M]. 合肥：中国科学技术大学出版社，2014.

[6] 毕润成. 科学研究方法与论文写作 [M]. 北京：科学出版社，2008.

[7] 周新年. 科学研究方法与学术论文写作 [M]. 北京：科学出版社，2018.

[8] 余来文. MBA 学位论文写作与研究方法 [M]. 北京：经济管理出版社，2014.

[9] 李怀祖，田鹤亭，苗迺玲. MBA 学位论文研究与写作指导 [M]. 重庆：重庆大学出版社，2018.

[10] 赖一飞，胡小勇，陈文磊. 项目管理概论（第二版）[M]. 北京：清华大学出版社，2017.

[11] 李怀祖，田鹤亭，苗迺玲. 管理类专业学位论文研究及撰写 [M]. 重庆：重庆大学出版社，2015.

[12] 陈国海. MBA 学位论文写作 [M]. 北京：清华大学出版社，2018.

[13] 薛丽萍. 工商管理专业（MBA）学位硕士论文写作指南（第一辑）[M]. 上海：上海财经大学出版社，2017.

[14] 陈维政，张丽华. 中国 MBA 硕士论文选 [M]. 大连：大连理工大学出版社，2001.

[15] 侯先荣，曹建新. MBA 学位论文写作指南 [M]. 广州：华南理工大学出版社，2006.

[16] 韩秀云. 最后一击：MBA 学位论文选题、写作与答辩 [M]. 北京：中国青年出版社，2001.

[17] 赖一飞，吴思，贾俊平. 创业项目管理 [M]. 武汉：武汉大学出版社，2018.

[18] 张勘，沈福来. 科学研究的方法 [M]. 北京：科学出版社，2018.

[19] 刘培蕾，大学生学术诚信缺失的原因及其教育对策研究 [D]. 重庆：西南大学，2007.

[20] 林聚任. 社会科学研究方法（第三版）[M]. 济南：山东人民出版社，2012.

[21] 陈向明. 质的研究方法与社会科学研究 [M]. 北京：教育科学出版社，2000.

[22] 赖一飞.科技基础条件资源开放共享体制优化研究[M].北京：科学出版社，2017.

[23] 约翰·吉尔林.案例研究：原理与实践[M].重庆：重庆大学出版社，2017.

[24] 闻邦椿，闻国椿.学位论文撰写方法学：怎样写好硕士和博士论文[M].北京：高等教育出版社，2014.

[25] 王莘非.企业决策工具与方法[M].北京：机械工业出版社，2002.

[26] 刘强.企划经理MBA强化教程[M].北京：中国经济出版社，2002.

[27] 张勘，沈福来.科学研究的逻辑（第二版）[M].北京：科学出版社，2018.

[28] 丁斌.专业学位硕士论文写作指南[M].北京：机械工业出版社，2015.

[29] 包朗.大学生毕业论文写作教程[M].南京：东南大学出版社，2016.

[30] 伍多·库卡茨.方法、实践与软件使用指南[M].重庆：重庆大学出版社，2017.

教师服务

感谢您选用清华大学出版社的教材！为了更好地服务教学，我们为授课教师提供本书的教学辅助资源，以及本学科重点教材信息。请您扫码获取。

▶▶ 教辅获取

本书教辅资源，授课教师扫码获取

▶▶ 样书赠送

公共基础课类重点教材，教师扫码获取样书

清华大学出版社

E-mail: tupfuwu@163.com
电话：010-83470332 / 83470142
地址：北京市海淀区双清路学研大厦 B 座 509

网址：https://www.tup.com.cn/
传真：8610-83470107
邮编：100084